초일류

앞으로 10년 유망기업 보고서

초일류

다이애나 홍 지음

일상이상

제2부 **초일류기업은 무엇이 다른가?**

초일류는 무엇이 다른가?

초일류란 무엇인가? 일류 가운데서
도 가장 으뜸이다. 당신은 지금 일류인가, 이류인가, 삼류인가? 아니면 이
도 저도 아닌가?

인간이 태어나서 '한 번뿐인 인생을 어떻게 살다 갈 것인가?'는 모두
에게 주어진 질문이다. 왜 어떤 사람은 행복하게 살다 생을 마감하고,
왜 어떤 사람은 불행하게 살다 생을 마감할까? 어차피 한 번 사는 인
생, 어떻게 살아야 행복한 삶일까?

행복을 결정하는 것은 많은 재산도 아니고, 높은 명예도 아니며, 막
강한 권력도 아니라는 것을 우리는 잘 알고 있다.

그렇다면 진정 행복한 인생은 무엇일까? 스스로 원하는 삶을 사는
것이 행복한 인생이다.

세상의 중심에서 새 시대를 열어가는 훌륭하고 멋진 사람들의 공간을 보라. 그들이 머무른 공간은 일류도, 이류도, 삼류도 아닌 초일류공간이다. 성공과 행복을 좌우하는 첫 번째 조건은 공간이다. 내가 어떤 공간에 머무르고 있는가, 그 공간에서 무엇을 하고 있나, 무엇을 하며 시간을 보내고 있는가는 인생을 좌우하는 핵심이다. 초일류기업에 강의 또는 인터뷰를 위해 방문했을 때 회사 근무환경은 초일류공간이었다.

초일류기업은 최고의 인재들이 모인 공간이다. 초일류기업은 초일류인재들과 초일류조직을 만들고, 초일류문화를 만들고, 초일류성과를 이끌어낸다.

최고의 인재들은 끊임없이 공부하고 연구하는 지독한 독서광이다. 지독한 독서는 창의성을 불러오고, 창의근육이 단단해지면 미래의 먹거리를 다른 사람보다 먼저 찾아낸다. 진화하는 미래먹거리를 찾기 위해 남보다 멀리 보고, 먼저 시작하는 지혜를 책을 통해 세미나를 통해 얻는다.

지난 15년간 초일류기업에서 독서경영 강의를 하면서, '왜 이들은 저 하늘의 별처럼 빛나는 초일류기업이 되었을까?' 하는 강한 의문을 갖게 되었다.

　성공한 사람들을 찾아내고 연구하는 것은 신나고 가슴 뛰는 일이다. 그들은 어떻게 보물 같은 인재를 찾아내는가? 어떤 인재를 영입하고, 어떻게 교육하며, 어떻게 강력한 팀워크로 놀라운 성과를 내는가를 연구하기 시작했다.

　그들에게는 분명한 이유가 있었다. 초일류기업이 되는 길에는 누가 뭐래도 그들만의 특별함이 있었다. 독서경영 강의를 하러 기업현장에 가면, 그곳에 답이 있다. 모든 답은 현장에 있다는 진리는 영원불변이다.

　초일류기업들의 공통점을 발견했고, 그 공통점을 연구하기 시작했다. 다시 말하지만 그런 연구는 언제나 가슴을 뛰게 한다. 지난 30년간 독서인생을 살면서 좋은 책을 읽으면 가슴이 뛰고, 그 내용을 혼자 알고 있기가 아쉬워 사람들에게 전해 주고 싶어서 전달독서를 습관처럼 하다 보니 나는 어느 날 독서경영 전문가가 되었다. 이와 마찬

가지로 초일류기업과 만나자 가슴이 뛰고, 그들의 공통점을 발견하고 그것을 여러분과 공유하고 싶어서 이 책을 쓰게 되었다. 초일류기업에 대해 연구하고 그들의 지혜를 나눌 수 있으니 가슴이 뛰고 기쁘기 그지없다.

2020년이 시작되자마자 코로나19가 기업경영에 가장 큰 악재로 찾아왔고, 아직도 변이바이러스 등으로 생존을 위협받는 기업이 많다. 초일류기업들은 어려운 상황에서도 웃음을 잃지 않고 지속성장하고 있다.

지난 15년 동안 초일류기업들과 만나면서 나는 성공하는 조직에는 3가지 공통점이 있다는 것을 발견했다. 바로 웃음, 표정, 대화다. 성공하는 기업에는 웃음이 있고, 표정이 밝고, 대화가 있다. 실패하는 기업에는 웃음이 없고, 표정이 어둡고, 대화가 없다. 이는 영혼이 살아 있고, 영혼이 죽어 있는 것과 같다.

이 책은 '제1부 초일류리더는 무엇이 다른가?'에서 초일류기업의 리더에게 필요한 덕목들을 소개했고, '제2부 초일류기업은 무엇이 다른가?'에서 국내외 초일류기업들의 성공 원인과 앞으로의 전망을 다루었다. 이 책이 초일류가 되고자 노력하는 모든 분들에게 큰 힘이 되어주기를 바란다.

지은이 다이애나 홍

1부

초일류리더는

무엇이
다른가?

01

◆◆◆

초일류기업들의
5가지 공통점

세상은 급변하고 있다. 지구촌은 현재 초지능超知能, 초융합超融合, 초연결超連結 등 3대 키워드를 기반으로 한 4차산업혁명의 시대를 살고 있다. 놀랍도록 빠르게 변화하는 거대한 소용돌이 속에서 살아남으려면 어떻게 해야 할까?

모토로라, 코닥, 노키아, 소니 등 영원할 것 같았던 초일류기업들은 몰락했다. 1950년대만 해도 S&P 500대 기업의 존속 기간은 50년이었는데, 이제는 10년도 채 안 된다. 변화하는 세상에서 살아남으려면 남보다 뛰어나야 한다.

우리는 '넘을 초超' 자에 주목해야 한다. 이 한자는 '남보다 훨씬 뛰어난', '초월한'이라는 뜻을 지녔는데, 지금 우리에게 필요한 것이 바로

모토로라 휴대폰

'초超'다. 기술의 초격차, 인재의 초지성, 소통하는 초협력, 본질을 파악하는 초집중, 문제해결을 위한 초몰입 등을 해야 변화하는 세상에서 살아남을 수 있을 것이다. 그렇다면 다른 기업들보다 훨씬 뛰어난 기업, 초일류기업들은 어떤 공통점이 있을까?

인터뷰를 위해 초일류기업들을 방문했을 때 놀라움과 감동, 그 자체였다. 강의하러 갈 때도 많이 느꼈지만, 인터뷰를 위해 방문했을 때도 외부인을 너무나 따뜻하게 맞이했는데, 호텔 VIP 손님을 맞이하는 듯했다.

'아, 이러니까 초일류기업이구나!' 하는 생각이 절로 들었다.

인터뷰를 하는 내내 회사의 경영철학과 기업문화, 미래 비전 등에 대해 친절히 인터뷰에 응해 주었다. 따뜻한 차와 맛있는 식사, 주차안내까지 친절히 제공해 주었는데, 이러한 친절은 시스템으로 정착된 듯했다.

초일류기업들에게는 친절 말고도 특별한 공통점이 더 있지 않을까? 답은 현장에 있다. 기업의 속살을 발견하려면 현장에 가봐야 한다. 지난 15년간 나는 삼성, 현대, 포스코 등 여러 기업에서 독서경영 강의를 했는데, 강의실과 현장에서 많은 사람들을 만나왔다. 미팅석상이 아니라 현장에 가보면 기업의 실체를 알 수 있고, 기업의 성공 이유도 알 수 있다.

내가 현장에서 발견한 초일류기업들의 공통점은 5가지다.

미래먹거리를
선점하는 아이템

초일류기업들의 첫 번째 공통점은 '미래먹거리를 선점하는 아이템'이다. 초일류기업은 미래의 먹거리를 찾아내는 혜안을 가졌고, 그 혜안으로 개발한 아이템으로 초격차를 이루어내고 있다.

만약 삼성전자가 TV 등 가전제품만 생산했다면 과연 초일류기업이 될 수 있었을까? 반도체라는 미래먹거리를 찾아냈고, 그것을 세계시

삼성전자의 2021년 2분기 스마트폰 점유율은 세계 1위이다.

장에서 초격차 전략으로 기술의 초격차를 달성해 초일류기업이 되었다. 15년간 삼성그룹에서 강의하면서 삼성이 미래먹거리를 찾아 진화하는 모습을 가까이서 볼 수 있었던 것은 나에게 큰 행운이었다.

셀트리온그룹이 미래먹거리를 찾아 진화하고 있는 모습은 참으로 눈물겹다. 그들이 걸어왔던 길은 아무도 걸어보지 않은 길이었고, 멀고 험한 가시밭길이었다. 오랜 인고의 세월 끝에 꽃길과 만났지만 그들 앞에는 또다시 가시밭길이 기다리고 있다.

하지만 이들은 가시밭길을 걷는 것을 두려워하지 않는다. 가시밭길 뒤에 또다시 꽃길이 놓여 있다는 것을 잘 알기에, 미래먹거리를 선점하는 아이템에 회사의 사활을 걸 만큼 막대한 자금을 쏟아 붓는다. 오늘 통하는 아이템이 내일 통하지 않는다는 것을 잘 알고 있기 때문이다.

삼성전자나 셀트리온처럼 회사 규모가 크지 않더라도 우리에게는 미래먹거리를 선점하는 아이템이 필요하다. 일례로 같은 상권에 있더라도 어느 가게는 흥하고 어느 가게는 망하는데, 오래도록 흥한 가게는 끊임없이 앞날에 대비한다. 지금 흥한 가게는 오래전부터 미래먹거리를 준비한 가게다. 상권의 유동인구, 유동인구의 구매력과 소비취향 등을 시장조사하고 앞으로 흥행할 상품과 서비스를 내놓아야 성공하는 것이다. 앞으로도 흥하기 위해서는 미래먹거리를 선점해야 할 것이다.

혼이 살아 있는
경영철학

초일류기업들의 두 번째 공통점은 '혼이 살아 있는 경영철학'이다. 철학은 영혼을 숨 쉬게 하는 힘이 있다. 실패하는 기업은 생기가 없다. 그것은 철학이 없기 때문이다. 철학이 없으니 뿌리가 죽어 있는 것이다.

뿌리가 죽어 있으니 어찌 튼튼한 나무로 자랄 수 있겠는가? 나는 누구이며, 왜 일하는가를 아는 것이 경영철학의 출발점이다. 하수는 타인을 연구하지만 고수는 자신을 연구한다. 내가 누구인가를 생각하는 것이 철학의 출발이듯 독서와 강연 등을 통해 삶의 철학과 기업의 경영철학을 공부하면 기업의 뿌리는 단단해진다.

마이다스아이티의 경영철학은 자연주의 인본경영이다. 이형우 회장의 좌우명은 '축록자불견산 확금자불견인逐鹿者不見山 攫金者不見人'인데, '사슴을 쫓는 자는 산을 보지 못하고, 돈을 노리는 자는 사람을 보지 못한다'는 뜻이다.

자연주의 인본경영은 '인간에 대한 합리적 이해를 바탕으로 행복한 인재를 키워 세상의 행복 총량에 기여하는 경영'이다. 행복한 인재를 뽑아 그 인재가 잘 클 수 있도록 토양을 만들어주고, 적절한 바람과 햇볕을 제공해 바람직한 삶을 살 수 있도록 돕는 것이 성공경영이라는 것이다.

초일류기업의 구성원들에게 있어 일을 한다는 것은 인격을 수양하는 것이고, 꿈을 키워가는 희로애락의 여정이다. 초일류기업들을 인터뷰하면서 그들에게는 일에 대한 신념과 확고한 경영철학이 있다는 것을 충분히 깨달을 수 있었다.

뿌리 깊은
특별한 기업문화

초일류기업들의 세 번째 공통점은

'뿌리 깊은 특별한 기업문화'다. 초일류기업으로 성장하는 회사에는 특별한 기업문화가 있다. 문화란 무엇인가? 가치관에 생활양식이 더해지면 문화가 된다. 경영자와 구성원들이 공유하는 가치관, 신념, 이념, 습관, 규범, 전통 등으로 기업문화는 뿌리를 내린다.

눈앞의 이익에 연연하는 기업은 쉽사리 사라지지만 기업문화가 뿌리 내린 기업은 백 년을 간다. 기업문화는 기업의 특성을 나타내는 동시에 그 기업의 미래 가능성을 보여주는 지표다.

기업문화는 '기업의 문화를 나타내는 것'으로 공유가치, 전략, 구조, 관리 시스템, 구성원, 기술, 스타일 등을 포괄하는 기업의 근간을 이루는 요소다. 당장의 성과에 급급해하는 기업보다는 기업문화에 중점을 둔 기업이 100년 이상 지속성장하는 초일류기업이 될 수 있다. 구성원과 고객에게 존경받고 지속가능한 기업이 되기 위해서는 기업문화를 필수적으로 관리해야 할 것이다.

시스템반도체 회사인 네패스의 아침은 음악으로 시작된다. 네패스의 국내 사업장 7곳 모두에서는 임직원들이 강당에 모여 40분 동안 노래 몇 곡을 함께 부르고 서로에게 감사 편지를 쓰며 하루를 시작한다. 아침에 회사에 출근해 음악을 들으면 잠들었던 감성을 깨우고, 피로가 누적된 육체에 맑은 정화수를 뿌려준다. 이는 이병구 회장의 특별한 직원사랑으로 시작된 것이다. 네패스는 초일류기업으로 성장하기 위해 이러한 기업문화로 하루를 시작한다.

네패스의 아침은 음악으로 시작된다.

초일류인재들의
스스로 독서습관

초일류기업들의 네 번째 공통점은 '초일류인재들의 스스로 독서습관'이다. 초일류기업들은 인재를 키우는 것을 가장 중시하는데, 초일류기업의 인재들에게는 스스로 책을 읽는 독서습관이 있다.

가끔 놀란다. 초일류기업의 인재들은 회사에서 제공하는 강의에 형식적으로 참여하지 않는다. 그들은 지적 호기심을 갖고 강의에 참여한다. 강의참여도가 높으니 강사가 더 열심히 강의할 수밖에.

삼성디지털시티 북카페에는 임직원들이 편안히 앉아 독서할 수 있는 공간이 조성되어 있다.

회사의 북카페에는 다양한 책들이 구비되어 있고, 직원들의 독서 수준도 매우 높다. 인문사회, 자연과학, 경제경영 등 다양한 분야의 책을 읽고, 세상을 흐름에 뒤처지지 않기 위해 끊임없이 공부한다. 아니, 오히려 그들은 세상을 앞서가는 것 같다. 독서경영 전문가인 내가 미처 놓치고 있던 책들도 두루 읽으니 말이다. 독서근육은 좋은 아이디어를 발휘하는 창의근육을 키우는데, 초일류인재로 성장하기 위해서는 창의근육이 꼭 필요하다.

초일류인재들에게는 특별한 점이 있다. 책을 읽으라고 강요하지 않아도 스스로 알아서 읽는다. 어느 기업이든 두 부류의 사람이 있다. 읽는 사람과 읽지 않는 사람, 좋아서 읽는 사람과 억지로 읽는 사람이 있다. 책이 좋아서 읽는 사람은 앞으로 일낼 사람들이다.

자기를 사랑하는 사람은 책을 많이 읽는다. 책을 자신을 가꾸는 도구로 활용하기 때문이다. 책을 많이 읽은 사람들은 지혜로울 뿐만 아니라 겸손하면서 배려가 깊다. 책을 보면 자신이 보이고, 자신을 제대로 보면 겸손해질 수밖에 없다. 책을 읽으면 자신을 가꾸고 다듬으며 마음을 정돈하는 힘이 길러진다. 결국 독서란 자기관리이며, 자기경영이다.

임직원의 성장은 곧 기업의 성장으로 이어진다. 초일류기업들은 임직원의 역량 강화를 위한 독서지원을 아끼지 않는다. 독서경영을 비롯해 직무별·직책별 교육 프로그램을 운영해 직원들이 성장할 수 있도록 하는 독서문화가 잘 정착되어 있다.

독서의 꽃은 토론인데, 같은 책을 읽고 서로 생각을 나누고 소통하는 과정에서 새로운 아이디어를 도출할 수 있다. 독서를 통해 구성원과 회사를 발전시키는 독서문화가 있어야 초일류기업이 될 수 있다.

더불어 나누는
상생정신

초일류기업들의 다섯 번째 공통점

은 '더불어 나누는 상생정신'이다. "세상에서 가장 소중한 것이 무엇이냐?"고 묻는다면 상당수가 "가족"이라고 답할 것이다. 초일류기업은 임직원들을 가족처럼 소중히 아낀다. 임직원들의 건강이 기업의 건강이며, 건강한 기업이 초일류기업의 뿌리가 되는 것은 진리다. 나아가 일류공헌에 힘쓴다.

고 이건희 회장은 생일선물 대신 '기부내역서'를 달라고 했다. "진심을 담아 불우이웃을 돕고, 그 활동 내용을 적어 나에게 생일선물로 주면 좋겠다"고 말했다.

초일류기업으로 성장한 회사는 직원들의 행복을 넘어 인류사회에 공헌하는 나눔을 실천한다. 몸으로 봉사하는 체험나눔과 돈으로 나누는 기부문화는 이제 초일류기업의 본연의 의무가 된 것 같다.

함께 가는 세상이 아름답다. 함께 가야 지치지 않고 오래 간다. 초일류기업은 먼저 직원들과 함께 나누고 나아가 지역사회공헌, 인류공헌을 실천한다.

이러한 5가지 공통점을 갖춘 초일류기업은 시간이 흐를수록 매출과 영업이익이 늘며 시가총액도 증가한다. 경쟁사와 초격차를 보이는 초일류기업으로 성장한다. 그러기 위해서는 강력한 기업경쟁력이 있어야 하는데, 기업경쟁력을 강화하기 위해서는 3가지를 갖추어야 한다.

바로 임직원 경쟁력, 기업시스템 경쟁력, 집단 경쟁력이다. 이런 경쟁력을 갖추기 위해서는 경영철학이 필요하고, 특별한 기업문화가 정착

2021년 4월 28일 이건희 회장의 유족들은 2만 3천여 점에 달하는 '이건희 컬렉션'을 기부했는데, 이건희 컬렉션에는 이중섭의 '황소'를 포함한 다수의 유명작품과 국보급 문화재가 포함되어 있다.

되어야 하며, 강력한 인재 경쟁력을 갖추어야 하고, 함께 나누는 동반 상생의 지혜가 필요하다.

이 모든 것의 기초가 되는 것이 바로 독서다. 독서근육이 튼튼해야 기업경쟁력도 높아진다.

02

◆◆◆

어떤 사람이
최고의 자리에 오르는가?

나는 어찌 보면 참으로 행운아다. 지난 15년간 독서경영 강의를 하면서 책을 함께 읽으며 초일류기업의 구성원들과 호흡할 수 있었고, 강의 현장에서 많은 것을 배울 수 있었다.

특히 최고의 자리에 오른 분들의 진면목을 보면서, 그들이 최고의 자리에 오르게 된 이유에 대해서도 깨닫게 되었다. 최고의 자리에 오르는 사람에게는 세 가지 특징이 있다. 첫째, 후배에게 존경을 받고, 둘째, 겸손한 마음을 갖추고, 셋째, 도전하는 행동이다.

존경은 성과를 내야 받을 수 있고, 겸손은 자신을 낮추고 주변을 빛나게 하는 것이며, 도전은 열정이 살아 있음을 증명하는 것이다. 주위에 이런 사람들이 많으면 나에게도 좋은 에너지가 생길 것이다. 열정은 전염되고 그 여파는 들불처럼 무섭게 전파될 것이다.

여러분이 앞으로 최고의 자리에 오르고 싶다면 성과를 내어 주변에서 존경을 받고, 자신을 낮추고 주변을 빛나게 하며, 맑은 눈빛과 열정으로 행동해야 할 것이다.

임원이 되고 싶다면
5가지 키워드를 가슴에 새겨야

오랜 기간 삼성, LG, GS, KT&G 등 유수의 기업에서 31년간 HR 업무를 수행해 온 '인사人事의 달인' 홍석환은 '임원이 되는 기본 지침', '존경받는 임원이 되는 길'을 제시한다. 그는 "임원이 되고 싶다면 5가지 키워드를 가슴에 새기라"고 권한다. 5가지 키워드는 바로 '전략, 의사결정, 인품, 관계, 코칭'이다.

조직의 비전과 전략 그리고 성과까지 책임져야 한다는 점에서 임원은 사실 CEO만큼 막중한 자리에 앉아 있다. 여러 환경변화에 대응하여 그룹을 총괄하는 CEO를 제대로 '보완'하는 역할을 수행해야 한다. 더군다나 우리 사회가 점차 '전문경영인' 체제로 기업조직이 변화를 겪고 있는 과정에서 '임원'의 중요성이 더욱 부각되고 있다.

임원은 단순히 CEO를 '보좌'하는 역할에 그쳐서는 곤란하다. 전략적 사고에 기초한 조직의 장으로서 자기 분야에서 최고 전문가가 되지

『나도 임원이 되고 싶다』

앞으면 안 된다. 복잡한 과제와 대내외 제반 여건을 고려해 CEO에게 적극적으로 제언할 수 있는 역량을 확보해야만 하는 것이다.

홍석환은 『나도 임원이 되고 싶다』에서 '임원이 스스로에게 질문을 던지며 갖춰나가야 할 역량'으로 다음의 5가지를 제시한다.

① 전략: 제대로 사업을 꿰뚫고 전략을 실행하는가?

② 의사결정: 길고 멀리 보며 의사결정을 하는가?

③ 인품: 정도를 걸으며 악착같이 솔선수범하는가?

④ 관계: 대내외 네트워크를 형성하고 활용하는가?

⑤ 코칭: 자율적으로 조직을 이끄는가?

최고들의 3력,
공감력, 소통력, 설득력

일도 삶도 혼자서는 좋은 결과를 얻지 못한다. 함께 공감하고 서로 소통해야 좋은 결과물이 나온다. 그렇다면 어떻게 공감하고 소통할 것인가?

진정한 협상가는 협상을 하지 않고, 진정한 설득가는 설득을 하지 않고 소통하며 공감한다. 공감은 소통을 통해 가능해진다. 초일류기업들은 공감을 이루기 위해 소통하는 기업문화가 정착되어 있다. 그런데 공감을 위해서는 소통뿐만 아니라 설득력이 뒤따라야 한다. 상대로 하여금 공감을 얻어내려면 설득력이 있어야 하기 때문이다. 그런데 설득력이라는 것이 말처럼 쉽게 길러지지는 않는다. 김은성 아나운서는 언제 어디서든 통하는 PREP 설득법을 알려준다.

PREP 설득법은 '왜냐하면'을 활용한 설득법이다. 결론을 먼저 말하고, '왜냐하면'을 통한 근거를 제시한 후 그에 대한 사례를 들어주며, 다시 처음에 말했던 결론을 반복하며 강조해 주는 것이다. 이 설득법은 일상의 대화에서부터 비즈니스 협상 자리, 나아가 프레젠테이션과 같은 대중을 상대로 하는 말하기에서도 유용하다.

Point강조 : 짧고 명료한 결론

Reason이유 : '왜냐하면'을 통한 근거 제시

Example예시 : 사례

Point강조 : 결론 반복

초일류기업 구글이 선호하는 인재의 기준은 일반적인 인지능력, 업무에 대한 지식, 리더십, 구글다움이다.

'구글다움'은 재미있는 사람, 흥이 많은 사람, 호기심이 많은 사람, 계속 학습할 의향이 있는 사람이다. 기술력이 뛰어나고 머리가 좋은 것도 중요하지만 사람들과 어울려 협업을 이끌고 지속적으로 긍정적인 마인드로 스스로를 발전시켜나가는 사람을 구글은 선호한다. 협업을 이끌려면 소통해야 하고, 소통하려면 공감해야 하기 때문이다.

최고의 자리에 오르기 위해 갖춰야 할 두 가지

하버드대 최고의 커뮤니케이션 전문가 존 네핑저과 매튜 코헛은 『어떤 사람이 최고의 자리에 오르는가』에서 성공적인 소통과 인간관계에 대해 소개했다. 이 책은 "차가운 머리와 뜨거운 가슴을 지닌 사람이 가장 높은 곳에 오른다"라고 말한다.

두 저자는 10여 년에 걸쳐 여러 분야에서 최고의 자리에 오른 사람들의 소통과 공감, 설득력을 연구해 왔다. 그 결과 우리가 존경하고 사랑하는 사람들은 목표를 이뤄낼 수 있는 차가운 머리와 상대를 끌어

『어떤 사람이 최고의 자리에 오르는가』

안을 수 있는 뜨거운 가슴을 지녔다는 사실을 밝혀냈다. 차가운 머리
는 강인함을 말하고, 뜨거운 가슴은 따뜻함을 말한다.

　강인한 사람은 존경을 이끌어낸다. 강인함은 일을 해결하는 힘이다.
하지만 강인함만으로는 좋은 리더가 될 수 없다. 사람들은 누군가와
관심사나 걱정거리를 공유한다는 사실을 인지할 때 따뜻함을 느낀다.
즉, 같은 편이라는 기분이 드는 것이다. 강인함이 자신의 목적을 달성
하기 위한 능력과 관련된 것이라면, 따뜻함은 그 결과로 인한 행복과
관련된 것이다. 어떤 사람에게 따뜻함을 느낄 때 우리는 그 사람을 진
심으로 좋아하게 된다.

　결국, 최고의 자리에 오르는 사람은 강인함과 따뜻함을 동시에 갖

취야 한다. 강인함으로 일에 성과를 올리고, 따뜻함으로 동료들과 인간애를 나눠야 할 것이다. 강인감은 존경을, 따뜻함은 사랑을 불러일으킨다.

03

♦♦♦

초집중, 초몰입하면
성과는 10배 높아진다

초일류기업들의 리더들을 보면 놀라울 정도로 집중력이 뛰어나다. '집중'이란 의식적으로 한 가지 일에 모든 힘을 쏟는 것이고, '몰입'이란 무의식적으로 어떤 일에 빠져 그 자체에서 즐거움을 느끼는 심리상태를 말한다. 집중이 의식적인 것이라면, 몰입은 무의식적인 집중 상태라 할 수 있다.

세종은 집중을 넘어 몰입에 가까운 독서를 했다. 몰입 상태에서는 아이디어가 떠오르는 빈도가 평소보다 10배에서 100배까지 높아진다.

나의 독서 멘토는 세종대왕이고, 글쓰기 멘토는 다산 정약용이다. 나는 『세종처럼 읽고 다산처럼 써라』라는 책에서 "세종의 책읽기는 반복독서"라고 밝힌 바 있다. 세종은 신하들과 함께 읽고 토론하며 생각

서울시 성동구의 독서당터

을 나누었다. 독서의 꽃은 단연 토론이며, 소통이다. 초일류들의 독서 습관을 살펴보면, 단연 몰입독서다. 세종은 몰입독서를 위해 독서휴가 제를 시행했다.

1426년, 세종은 촉망받는 젊은 인재들이 독서에 전념할 수 있도록 1년 정도 휴가를 주는 사가독서제賜暇讀書制를 시행했다. 현재 맡고 있는 직무로 인해 책 읽는 데 집중할 겨를이 없으니, 대궐에 출근하지 말고 거처에서 책을 집중적으로 읽고 성과를 내어 나라에 보탬이 되라는 것이 이 제도의 취지이다.

독서휴가 기간 동안, 신하들은 집 혹은 산사를 오가며 자유롭게 책을 읽었다. 업무의 스트레스를 잊고 독서에 몰입한 것이다. 그리고 한

달에 한 번씩 읽은 내용을 정리해 보고서를 올렸다. 세종은 식량과 술, 물품 등을 내려주며 독서를 권장했다. 이는 독서를 권장한 것으로 볼 수도 있지만, 한편으로는 특정 주제에 대한 몰입을 요구한 것이라 볼 수도 있다.

변화와 혁신이 요구되는 세상에서 '몰입'은 도약을 위한 응집력을 길러주는 훌륭한 도구이다. 얼마 전부터 여러 대기업들은 몰입독서를 시행하고 있다. 세종의 앞선 안목에 놀라지 않을 수 없다.

다산 정약용은 18년간의 유배생활 동안 500여 권의 저서를 남겼는데, 집중과 몰입이 없었다면 우리에게 그토록 귀한 책을 선물하지 못했을 것이다.

지금으로 치자면 감옥에서 무려 18년의 세월을 보냈다는 얘기다. 삶을 포기하지 않은 것만도 다행이라 여겨지는데, 다산은 무려 500권이 넘는 책을 저술했다. 복숭아뼈에 세 번이나 구멍이 났다는 일화가 전해질 정도로 글쓰기에 몰입한 그가 책을 쓴 이유는 무엇일까?

첫째 이유는 생존하기 위해서였다. 미래가 전혀 보이지 않았던 다산은 폐족의 신분으로 살아야 했다. 그런 그가 하루하루 살아갈 수 있었던 유일한 희망이 바로 글쓰기였던 것이다.

둘째 이유는 사랑하는 백성을 위해서였다. 자신이 쓴 책이 백성들의 삶에 도움이 될 거라는 확신을 갖고 글을 썼다. 자신을 신뢰했던 정조에게 책을 쓰겠다고 약속도 했고, 백성의 삶을 위하는 애민정신으로 글을 쓴 것이다.

셋째 이유는 더 나은 미래를 위해서였다. 글쓰기가 누군가의 삶을 변화시킬 수 있다면, 그로 인해 세상이 더 살기 좋은 세상으로 변할 수 있다고 믿었기 때문에 글을 썼다.

〈세종의 독서습관과 다산의 글쓰기습관〉

세종대왕의 10가지 독서습관

1. 조건 없이 읽었다.

2. 가슴으로 읽었다.

3. 반복해서 읽었다.

4. 사가독서제로 독서휴가를 권했다.

5. 신하들과 함께 읽었다.

6. 토론하고 신하들의 의견을 존중했다.

7. 온 세상이 다 책이었다.

8. 자연을 가장 위대한 스승으로 삼고 독서에 임했다.

9. 경전과 역사서를 읽었다.

10. 책을 통해 자신을 읽고 세상을 읽었다.

다산 정약용의 10가지 글쓰기습관

1. 외로울 때마다 글을 썼다.

2. 기록하고 분류했다.

3. 좋은 모범을 찾아내 자기 음성으로 썼다.

4. 뼈대를 세우고 교통정리를 했다.

5. 첨삭하고 가공했다.

6. 솔직하고 진실하게 썼다.

7. 연애편지를 쓰듯 달콤하게 썼다.

8. 자신만의 글쓰기 시스템이 있었다.

9. 순수한 자연의 소리를 글에 담았다.

10. 아름다운 글은 아름다운 마음에서 나온다는 신념으로 붓을 들었다.

워런 버핏이 성공한 것은
집중했기 때문

세계 대부호로 불리는 워런 버핏은 독서와 기부를 실천하고 있다. 독서에 많은 시간을 할애한 버핏이 부를 축적하기 위한 절대 성공의 법칙으로 꼽은 것은 '초집중', 즉 '몰입'이다.

버핏은 하루에 500페이지씩 책을 읽을 때도 있을 정도로 소문난 독서가다. 버핏의 동업자 찰리 멍거는 2007년 한 연설에서 "시간 측정기를 갖고 버핏을 관찰하면 그의 전체 시간 중 앉아서 책 읽는 시간이 절반을 차지할 것"이라고 했다.

투자의 천재 워런 버핏은 퇴근 후 매일 책 한 권을 읽는 습관을 갖

워런 버핏은 매일 책 한 권을 읽는 독서습관을 갖고 있다.

고 있다. 그는 책의 내용을 다음 날 업무에 적용한다. 워런 버핏의 독서습관은 집중독서다. 어떤 분야를 알아야겠다는 결심이 서면 관련된 자료와 도서를 전부 수집하여 집중적인 읽기에 들어간다. 특히 투자대상 기업에 관해서는 철저한 정보 수집을 바탕으로 산업을 이해하고 변화의 가능성을 꿰뚫어본다.

워런 버핏은 일이면 일, 투자면 투자, 판단이면 판단에 있어 초집중을 한다는 것으로 널리 알려져 있다. 자신만의 체계적인 집중법을 만들지 못하면 결코 부자가 될 수 없다. 워런 버핏이 평생 실천한 집중법의 5가지 노하우는 다음과 같다.

집중력을 단련하는 첫 번째 노하우는 '일과 목표에 우선순위를 둘 것'이다. 목표는 우리의 삶을 이끌어준다. 꿈은 우리 가슴을 뛰게 하고, 꿈을 이룬 사람보다 꿈을 향해 달려가는 사람이 행복하다. 결과보다 과정을 즐길 때, 좋은 결과가 따른다.

너무 바쁘기만 하다고 꼭 성공하고 부자가 되는 것은 아니다. 자신의 시간을 효율적으로 관리하는 사람이 부자가 될 확률이 높다. 칸트의 행복론에 의하면 행복하기 위해서는 3가지가 필요하다. 그것들은 바로 일, 사랑, 목표다.

워런 버핏은 지금 당장 해야 할 일들의 리스트를 만들어 그중에서 가장 중요한 5가지만 뽑아 집중하라고 말한다. 한꺼번에 20개, 50개의 목표를 이루는 것은 제아무리 성공의 귀재라도 어려운 법이다. 우선순위를 정해 최우선의 목표에 집중해야 한다. 그리고 그 5가지 목표를 이룰 때까지 나머지 것들에는 어떤 일이 일어나도 관심을 갖지 말라고 그는 조언한다.

두 번째 노하우는 '오래 갈 사람만 만날 것'이다. "인맥은 돈맥이다"라는 말이 있다. 살다 보면 많은 사람들과 만나고 여러 관계로 얽히게 마련인데, 워런 버핏은 주변에 사람이 많다고 성공에 이르는 것은 아니라고 말한다. 오래도록 함께 일해서 신뢰할 수 있는 사람들만 곁에 둬도 성공을 이룰 수 있다고 본 것이다.

흔히 부자들 주위에는 오랫동안 그들과 함께 성공과 부의 신화를 완성하는 끈끈한 인맥이 존재한다. 수십 년 동안 함께 일하면서 서로 신뢰가 매우 두터운 경우가 많다. 강한 신뢰를 형성한 조직은 성공을 향한 가장 든든한 디딤돌이 되어준다. 워런 버핏 역시 독불장군처럼 보이지만 오랜 시간 조력하며 어마어마한 부를 키워가고 있는 그만의 팀을 가지고 있다.

세 번째 노하우는 '단순하게 생각하고 생활할 것'이다. 어려움을 겪을 때나 삶이 혼란스러울 때는 "기본으로 돌아가라"는 말이 있듯이 워런 버핏은 일이나 관계에 있어 복잡한 것을 싫어한다. 싫어만 하는 것이 아니라 적극적으로 단순화하는 작업에 시간을 투자한다.

그는 회사 내에서 관료적인 요소들을 모두 없애고 철저히 효율성에 집중하는 조직 구조를 만들기 위해 노력했다. 평범한 주택에 살고 과소비하지 않으면서 일과 생활을 모두 단순화했다. 단순하게 만드는 것이 생각보다 쉽지 않기 때문에 그는 많은 시간과 노력을 들여 복잡하거나 무겁지 않은 조직을 만들어 이끌고 있다.

네 번째 노하우는 '잠재력을 가진 소수에 투자할 것'이다. 선택과 집중은 무엇을 하든 필요하다. 투자에 있어서도 워런 버핏은 자신이 온전히 집중할 수 있는 투자처에 집중투자를 했다. 여러 개의 투자처 중에 최고의 잠재력을 지닌 소수를 선택해 집중투자하는 것이다.

물론, 이러한 투자를 위해서는 분석이라는 길고 까다로운 과정에 많은 노력을 기울여야 한다. 그리고 투자처를 정한다면 어떤 것에도 흔들리지 말고 집중투자해야 높은 수익을 기대할 수 있다.

다섯 번째 노하우는 '오래 투자할 것'이다. 주식 투자는 좋은 기업을 찾아서 시간을 투자하는 것이다. 투자의 고수로 알려진 존 리는 자신이 주식 부자가 될 수 있었던 가장 큰 이유는 장기 투자에 집중했기 때문이라고 말한다. 워런 버핏도 존 리와 같은 생각으로 하나의 투자처에 오랜 시간 투자했다. 현재 그가 가지고 있는 주식 중에 가장 가치가 높은 종목들은 모두 평균 20년 정도를 보유하고 있는 것들이다. '주식농부'로 유명한 박영옥 회장도 기업과 오랜 기간 동행해서 함께 성장하는 것으로 유명하다. 오랜 인내의 시간을 견딘 자만이 알찬 열매를 딸 수 있다.

04

◆◆◆

초일류가 되려면
인격을 수양하라

위기가 생기면 더더욱 책에서 돌파구를 찾아야 한다. 삼성의 임직원 독서동아리에서 독서토론을 하면서 많은 공감을 이끌어낸 것은 초일류에 관한 것이었다. 그중에 특히 이나모리 가즈오의 삶과 철학은 가장 큰 공감을 이끌었다. 그의 삶과 철학은 우리에게 큰 교훈을 주었고, 우리는 몸소 실천하고자 노력했다.

우리는 이나모리 가즈오의 책들을 대부분 읽고 토론했다. "일을 한다는 것은 인격을 수양하는 것"이라고 했던 그의 철학은 직장에서의 일과 인간관계로 생긴 스트레스를 없애고 인격수양을 하도록 해주었다. 삼성은 성과로 말하는 대표적인 기업이다. 성과를 내기 위한 몸부림은 실로 가혹하리만큼 험하고 치열하다. 힘들고 처절한 경쟁에서 살아남기 위해 삼성에서 함께 공부했던 임직원들은 이나모리 가즈오의 책들을 읽고, 자신의 인생철학으로 받아들였다.

초일류들을 공부하고 그들의 철학을 자신의 삶에 녹여내면 나 역시 초일류가 될 수 있음을 독서동아리 활동을 통해 실감할 수 있었다. 나 역시 이 책을 집필하는 과정에서 이나모리 가즈오 등 초일류들의 삶의 자세를 많이 배울 수 있어 감사하다.

일을 한다는 것은
인격을 수양하는 것

이나모리 가즈오는 일본에서 존경받는 '3대 기업가' 중 한 명이자 '살아 있는 경영의 신'이다. 그는 27세에 맨손으로 사업에 뛰어들어 세계적인 전자부품 기업인 교세라와 일본 2위 통신회사인 KDDI를 창업했는데, 교세라를 세계적인 초일류기업으로 키우면서 수많은 경영 신화를 남겼다. 그는 재생불능 진단을 받고 추락하던 일본항공 JAL의 회장을 맡아 3년여 만에 극적인 V 자 회복을 이뤄내는 놀라운 성과를 이루었다.

이나모리 가즈오 회장은 매년 '세이와주쿠'라는 이름으로 경영스쿨을 연다. 이른바 '이나모리의 경영 제자들'이 모이는 세계대회다. 세이와주쿠에는 우리나라 CEO들이 많이 참여해 열공하기도 했다. 일방

세이와주쿠에서 강연하는 이나모리 회장

적인 연설이 아니라 서로 생각을 공유하는 기업인들이 자신들이 처한 어려움에 어떻게 대응했는지를 이야기하므로 큰 인기를 끌었다. 하지만 1932년생이라서 연로한 이나모리 회장은 "더는 열정적으로 강의에 참가하기 힘들다"고 털어놓으며 36년째 이어오던 이 대회를 이제는 공식 폐쇄했다.

2019년 7월 18일 요코하마 해변의 국립컨벤션센터 '파시피코 요코하마' 대강당에서는 마지막 대회가 열렸다. 이 대회에는 이나모리 회장이 직접 참가하지 못했다. 하지만 무려 4,791명의 기업인들이 세계 각지에서 몰려와 화상을 통해 그의 마지막 육성을 들었다. 이제 그의 경영스쿨은 그가 남긴 책을 통해 계속된다. 역시 책은 힘이 강하고, 생명력이 길다.

초일류가 되기 위해 필요한 덕목을 이나모리 회장의 책을 통해 소개해 보도록 하겠다.

이나모리 회장은 인간을 세 종류로 나눌 수 있다고 했다. 스스로 불타는 자연성 인간, 불을 붙이면 타오르는 가연성 인간, 불을 지펴도 타오르지 않는 불연성 인간으로 나눌 수 있다. 우리는 어떤 사람이 되어야 하는가? 자연성 인간이 되면 가장 좋겠지만 최소한 가연성 인간이 되어야 함께 일할 수 있을 것이다. 이나모리 회장은 불평불만을 토로하고 트집 잡기만 하는 불연성 사원을 가장 싫어했다.

이나모리가 월급쟁이들에게 남긴 어록 5가지는 다음과 같다.

첫째, 지금 맡은 일을 사랑하라. 그것이 인생을 풍요롭게 만드는 유일한 길이다. 사랑은 힘이 세다.

둘째, 열등감과 격투하지 말고 그대로 받아들여라. 내가 무엇이 부족한가를 안다는 것은 큰 경쟁력이다. 부족함을 받아들이고 장점은 강화해야 한다.

셋째, 인생의 행복은 내 마음이 그리는 대로 나타난다. 생각의 차이가 일류를 만들고 노력하는 일류가 초일류가 된다.

넷째, 노동이란 스님의 수행과 같다. 회사원도 맡은 일에 빠지면 깨달음의 경지에 도달할 수 있다. 그래서 일을 한다는 것은 자신의 인격을 수양하는 것이라고 했다.

다섯째, 시련을 도전의 기회로 삼아 도약하는 사람은 초일류가 될 수 있다.

다음으로 CEO들에게 남긴 어록 5가지는 이렇다.

첫째, 회사는 CEO의 그릇 이상은 크지 못한다. 회사가 성장하려면 최고경영
　　자의 그릇이 더 커야 한다.

둘째, 자신을 희생할 용기가 없는 리더는 조직을 이끌어갈 수 없다.

셋째, 기업 경영에 꼭 필요한 한 글자는 '덕德'이다. 기업이 장기적으로 번영하
　　려면 덕치德治가 필수라는 얘기다.

넷째, 사람을 움직이는 유일한 원동력은 무사無私 이타利他의 정신이다.

다섯째, 사업 구상은 낙관적으로, 계획은 비관적으로, 실행은 낙관적으로 해
　　야 한다.

지금 우리는 코로나19로 세계적인 불황에 시달리고 있다. 이나모리
는 불황을 극복하는 방법에 대해서도 이야기했는데, 5가지 불황 극복
비법은 다음과 같다.

첫째, 불황은 성장의 기회다.

둘째, 전 사원이 영업하라.

셋째, 최소 인원으로 줄여 생산성을 높여라.

넷째, 신제품 개발에 투자하라.

다섯째, 좋은 인간관계를 구축하라.

『이나모리 가즈오, 그가 논어에서 배운 것들』

이나모리 가즈오는
『논어』에서 무엇을 배웠을까?

초일류가 되기 위해서는 나보다 먼저 초일류가 된 사람에게 배워야 한다. 미나기 가즈요시는 20여 년간 이나모리 회장과 인연을 맺으며, 이나모리 회장이 후배경영자를 양성하기 위해 설립한 세이와주쿠를 운영했다. 그는 상장회사를 운영하며 이나모리의 경영철학을 배웠고, 이를 기업경영에 철저히 적용했고 실천했다. 그는 이나모리 회장에 대한 책을 집필했다.

공자의 제자들은 공자가 남긴 말을 한데 모아『논어』라는 책에 담아냈는데, 가즈요시는 이나모리 가즈오의 인생철학과 경영철학을『이나모리 가즈오, 그가 논어에서 배운 것들』이라는 책에 담아냈다.

이나모리 회장은 평소에 동양 고전을 가까이했는데, 특히『논어』를 평생에 걸쳐 읽었다. 약 2,000년 전 한나라 시대에 만들어졌다고 전해지는『논어』는 경영의 신으로 불리는 이나모리 가즈오 외에도 현대경영학의 아버지 피터 드러커, 일본 근대자본주의의 최고지도자로 불리는 시부사와 에이치, 삼성그룹의 창업자 이병철 회장 등이 최고의 인생책으로 꼽은 책이다. 왜 그들은『논어』를 인생책이라고 말한 것일까?

우리가 사는 세상은 빠르게 발전하고 있다. 기술이 발전해서 생활은 편리해졌지만, 마음이 혼란해져서 자기성찰이 끊임없이 요구되는 각박한 세상을 살고 있다. 그런 우리에게『논어』는 밥과 김치와 같다.

기업은 고객에게 사랑받아야 성공할 수 있는데, 기업이 바로 서지 못하면 고객의 사랑을 받기 어려울 것이다.『논어』에서 가장 강조하는 것은 '인'과 '중용'이다. '인'과 '중용'을 실천하면 '나는 누구인가?', '어떻게 살아야 하는가?'를 끊임없이 묻게 된다.

중용을 실천하면 갈수록 복잡해지는 세상에서 지도자 경영자에게 필요한 윤리와 도리를 깨달을 수 있다.『논어』는 우리가 살아가는 데 필요한 수신의 길과 인간의 도리를 말하고 있다.

이나모리는 『논어』를 읽고 '인본주의' 경영철학을 실천했다. 이나모리 가즈오 회장은 직원들은 물론 스스로에게도 '왜 일하는가?'를 끊임없이 물었다. 그 외에도 '인생의 목적은 무엇인가?', '어디로 가고 있는가?', '어떻게 성장할 것인가?' 등 일과 인생에 대한 근본적인 질문을 멈추지 않았다. 그리고 그 질문들에 행동으로 답했다. 이러한 그의 일과 삶에 대한 철학은 경영자뿐 아니라 흔들리는 많은 사람에게 큰 울림을 준다.

이나모리는 중국 CCTV 경제채널에 출연했는데, 이렇게 말했다.

"젊은 시절 공자의 『논어』를 배운 게 지금의 나를 있게 했습니다. 과학이 발달한 문명사회에서는 도道는 필요 없고, 돈 버는 게 중요하다고들 합니다. 하지만 인간의 도가 가장 중요합니다."

◆◆◆

05

위대한 팀을 만드는
위닝 스프릿

애플의 스티브 잡스, 구글의 래리 페이지, 아마존의 제프 베조스는 실리콘밸리의 초일류 CEO들이다. 그런데 이들 뒤에는 숨겨진 스승이 있었으니, 바로 빌 캠벨이다. 2016년 4월 빌 캠벨이 75세의 나이에 암으로 세상을 떠나자 실리콘밸리의 유명 CEO들이 한데 모여 그를 추모했다. 실리콘밸리의 슈퍼스타들은 왜 그를 추모한 걸까?

'자기계발'보다
'타인계발'이 중요하다

리더라면 구성원들을 잘 이끌어야

한다. 코칭 전문가 빌 캠벨은 '자기계발'이 아니라 '타인계발'을 추구한다. 내 주위 사람들을 발전시켜야 나 자신은 물론 내가 이끄는 조직도 발전한다고 생각한 것이다. 그는 모든 관리자들은 "부하 직원들의 안녕과 성공"을 우선해야 한다고 말했다. 구성원들을 존중하고, 구성원들로 하여금 신뢰받는 리더가 되어야 한다고 본 것이다.

일례로 캠벨은 구성원들과 유대감을 쌓기 위해 월요일에 열리는 회의 때 가장 먼저 주말에 무엇을 했는지 물어보았다. 개인생활을 서로 공유하면서 서로를 인간적으로 알아가기 위해서였다. 그러자 구성원은 즐거운 마음으로 회의에 참석하게 되었고, 창의적인 아이디어들이 쏟아지게 되었다.

빌 캠벨은 39세까지 풋볼 코치로 활동하면서 익힌 팀 스포츠의 위닝 스피릿을 비즈니스 분야에 접목했다. 개인주의로 가득 찬 실리콘밸리에서 팀플레이 정신과 함께 공동체 정신, 존중 정신, 협력 정신 등을 심어주어 강한 조직을 만들게 했다.

그는 풋볼 코치로 활동할 당시에 강한 팀을 만들기 위해 올바른 선수를 선발했다. 특히 열정과 끈기를 가지고, 팀 구성원들과 공감하고 팀을 우선시하는 태도를 가진 선수를 뽑았다. 이런 경험을 살려 기업의 성장의 견인하는 팀을 만들었다. 이러한 팀은 끈끈한 동료 관계를 기본으로 하는데, 최고의 팀을 뽑는 데 있어서는 성별 등을 따지지 말아야 한다. 팀을 꾸릴 때에는 모든 편견으로부터 눈과 귀를 막아야 한다.

『빌 캠벨, 실리콘밸리의 위대한 코치』

초일류기업이 되기 위해서는 강한 팀워크가 필요한데,『빌 캠벨, 실리콘밸리의 위대한 코치』는 그에 대한 해답을 담은 책이다.

어떤 사람이
최고의 리더가 되는가?

아무리 좋은 멘토를 만나도 코칭받을 마음이 없으면 소용없다. 직원에게 좋은 멘토가 되기 위해서는 그들의 마음부터 사로잡아야 한다.

빌 캠벨은 스티브 잡스 등 실리콘밸리 CEO들의 마음을 사로잡은 코칭 전문가다. 그는 스티비 잡스가 췌장암에 걸린 사실을 누구보다 먼저 알고 거의 매일 스티브의 집에 찾아가 돌보았다.

빌은 구글의 제품 관리 수석을 채용할 때 "코칭받을 준비는 되어 있나요?"라고 물어보았다. 코칭받을 준비가 되어 있어야 코칭할 수 있다고 생각했기 때문이다. 코칭받을 준비가 된 사람들은 솔직하고 겸손하며, 인내심이 강하고, 열심히 일할 의지가 있으며, 꾸준하게 학습한다. 이런 사람들은 코칭받으면 스스로 보지 못하는 단점을 객관적으로 인식할 수 있다. 굳이 정답을 알려주지 않더라도 교훈과 의미를 스스로 파악할 수 있도록 하는 것이 빌의 코칭법이다.

빌 캠벨은 '부하 직원들의 안녕과 성공'을 최우선으로 여겼다. 직원들의 업무뿐만 아니라 삶에도 관심을 기울였다. 회의를 시작하기 전에 항상 스몰 토크로 대화를 시작했고, 직원이기 전에 한 명의 인간으로 사람들을 대했다. 그는 구글에 '여행 보고서' 문화를 만들었는데, 동료애를 키우기 위해 주말에 있었던 일을 이야기함으로써 회의를 시작하도록 했다. 그는 건강 문제가 생긴 직원에게 제트기를 빌려주기도 했다.

빌 캠벨의 스몰 토크는 자연스레 업무나 가족 이야기로 넘어갔고 "그래서 어떻게 도와주면 될까?"라는 말로 이어졌다. 한번은 IT 관련 행사에 참가하고 싶어 했던 수전 보이츠키가 초대장을 구하지 못했다. 이 사실을 안 빌은 "말도 안 되는 상황"이라며 곧장 초대장을 구해 주었다. 훗날 수전 보이츠키는 유튜브를 글로벌기업으로 성장시켰는데, 서로 먼저 도와주려 하는 이들의 관계는 비즈니스에도 큰 도움이 되었다.

CEO라면 자신의 모난 부분을 다듬어주는 사람이 필요해

'회사의 비전은 무엇인가?'

'인생의 비전은 무엇인가?'

비전이 나를 이끌고 성장시킨다. 빌 캠벨은 창업할 용기와 능력을 지닌 사람들을 특별히 존중했다. 단지 창업자이기 때문이 아니라 그들만이 가진 회사에 대한 사랑과 비전 때문이었다.

그런데 CEO의 회사에 대한 사랑과 비전이 아무리 크더라도 좋은 사람이 곁에 없다면 곤란할 것이다. 2000년에 아마존 이사회가 제프 베조스에게 CEO 자리에서 물러날 것을 요구했을 때 베조스를 구한 사람은 바로 빌 캠벨이었고, 구글의 창업자들과 에릭 슈미트가 충동할 때 가운데서 조율하고 시너지를 일으킨 것도 빌이었다. 그는 창업자의 모난 부분을 다듬어 존경받는 리더로 만들었다. 그래서 그는 실리콘밸리의 유명 CEO들에게 존경받고 있다.

미래 세대는 기술산업의 가장 위대한 리더 중 한 명인 그에게서 많은 것을 배울 것이다.

−팀 쿡애플 CEO

나는 지난 몇 년 동안 빌을 코치로서 곁에 두는 특권을 누렸다. 그를 만난 이후부터, 누군가가 나에게 조언을 구할 때면 나는 빌을 생각하며 그가 보여준 모습을 닮으려고 노력한다.

−셰릴 샌드버그페이스북 최고 운영책임자

06

◆◆◆

초일류는 소음을 차단하고
깊이 몰입한다

나에게는 운명을 바꿔준 책이 여럿 있는데 그중 한 권이 황농문의 『몰입』이다. 2007년에 『몰입』을 읽고 큰 교훈을 얻었고, 몰입을 통해 나 자신을 발전시킬 수 있었다. 만약 이 책을 읽지 않았다면 지금의 내 모습은 그다지 만족스럽지 못할 것이다. 이 책을 읽은 덕분에 몰입독서를 할 수 있었고, 몰입명상을 할 수 있었고, 몰입의 묘미에 빠지게 되었다.

특히 이 몰입의 효과는 새벽등산을 하는 2시간 동안 가장 효력을 발휘한다. 천천히 이른 새벽에 산길을 걸으며 서서히 자연 속으로 젖어드는 나 자신을 발견하면 알 수 없는 행복감이 찾아온다. 나는 거의 20년 가까이 2시간가량 새벽등산을 습관적으로 했다. 2시간 동안 천

『몰입』

천히 걸으며 슬로우 싱킹을 하는 것이다. 몰입은 천천히 시작해서 완전히 초몰입하는 경지에 이르러야 하는데, 그러기 위해서는 반복적인 생각습관이 꼭 필요하다.

몰입을 한 덕분에 그동안 많은 책을 집필하는 데 큰 도움이 되었다. 글을 쓰는 동안 무엇보다 몰입이 필요하다. 몰입해야 영혼을 울리는 좋은 글이 나온다.

2021년 5월 어느 날 서울대 교정에서 황농문 교수를 직접 만나 인터뷰를 했다. 몰입의 중요성에 대해서는 '3. 초집중, 초몰입하면 성과는 10배 높아진다'에서도 이야기했지만 황농문 교수와 인터뷰한 내용을 토대로 좀 더 이야기하고 싶다.

초일류라면 몰입을 넘어
초몰입의 경지에 이르러야

황 교수는 "몰입은 성리학에서 말하는 '경敬'의 개념과 비슷하다"고 말한다. 성리학자 정이程頤는 경을 '주일무적主一無敵', 즉 '마음을 오로지 하나에 집중하는 것'이라 정의하고, 이 경지에 도달하면 바른 지혜를 얻고 대상을 올바르게 파악하게 된다고 했다.

성리학은 경을 통하여 인간 본연의 착한 마음을 회복하여 성인聖人이 되는 것을 목적으로 하는 학문 체계이다. 성리학의 대표적 인물인 주자朱子는 성인에 이르는 방법으로 '거경居敬'을 강조한다. '거경'은 경을 간직한다는 의미인데, 이로써 악한 마음으로 변질하는 요인을 제거하여 본래 착한 모습인 '참 나'와 만날 수 있고, 이러한 마음의 수양을 통해 성인에 가까워질 수 있다는 것이다.

인간은 본래 착한 모습으로 태어났는데 주위 환경에 의해 점점 퇴색되어 세상에 대한 불만도 많아지고, 착한 본래의 모습에서 멀어지게 된다. 그럴 때 '몰입'은 행복을 유도하여 본래의 착한 내 모습을 되찾게 해준다. 내가 행복해야 주위 사람들에게도 행복을 나눌 수 있다. '왜 몰입하고 난 후 내가 행복해지고 마음이 평온해지는지?'를 황 교수와의 인터뷰에서 깨달을 수 있었다.

황 교수는 중고등학교 때 수학문제를 풀면서 몰입을 시작하게 되었다. 남들이 풀지 못하는 어려운 수학문제를 몰입을 통해 정답을 돌출해내고, 그런 과정이 수없이 반복되어 몰입의 힘을 스스로 발견하고 놀라움을 금치 못했다.

카이스트 대학원 시절에 실험실에서 풀지 못한 프로젝트들이 많이 있었는데, 그 문제들 역시 몰입을 통해 어려운 난제를 풀어냈다. 몰입의 힘을 강하게 느낀 것이다.

초일류가 되기 위해서는 무엇보다 몰입이 필요할 것이다. 몰입하지 않는다면 어찌 초일류를 꿈꿀 수 있겠는가? 초일류가 되기 위해서는 몰입을 넘어 초몰입의 경지에 이르러야 한다.

황 교수는 "놀아도 몰입하지 않으면 재미가 없고, 아무리 돈이 많아도 몰입하지 않으면 행복을 경험하기 어렵다"고 말하며 "몰입적 사고야말로 잠재된 우리 두뇌의 능력을 첨예하게 깨우는 최고의 방법이며 나 스스로 창조적인 인재가 되는 지름길이다"라고 역설한다.

무엇을 하든 몰입하기 위해서는 그 일을 스스로 선택하고 결정해야 한다. 해야 할 일을 강압적으로 혹은 타의他意에 의해 하게 된다면 몰입하기가 쉽지 않기 때문이다.

뉴턴, 아인슈타인, 빌 게이츠, 워런 버핏 등 비범한 업적을 이룬 천재들에게도 한 가지 공통점이 있다. 바로 몰입이다.

그들은 고도로 집중한 상태에서 문제를 생각하는, 몰입적 사고를 한다. 천재라서 집중력이 높은 게 아니라 집중력이 높아서 천재가 된 것이다.

몰입 상태에서는 자신감이 솟구치고 호기심도 극대화된다. 평소에 어렵게만 느껴지던 난제들이 쉽게 풀리고 삶의 만족도도 높아진다. 몰입 상태에서는 두뇌 활동이 최고조에 이르고 사고력 역시 가장 빠른 속도로 발전한다.

몰입전문가 황농문 교수가 말하는 몰입의 5단계는 다음과 같다.

1단계: 생각하기 훈련을 충분히 하여 스스로의 사고력에 자신감을 갖는다.

2단계: 천천히 생각하기를 습득하여 하루 종일 생각해도 힘들지 않게 단련한다.

3단계: 규칙적인 운동을 습관적으로 하여 매일 최상의 컨디션을 유지한다.

4단계: 일상에서 그 문제만을 생각해서 두뇌 활동을 극대화한다.

5단계: 한 달 이상 지속적인 몰입 체험을 하면 가치관의 변화가 찾아온다.

몰입 체험을 하게 되면 다음과 같은 변화가 생기게 된다.

1. 한 가지 문제를 계속 집중하여 생각하려는 노력을 며칠 이상 하면 의식이 그 문제로 꽉 차게 된다.

2. 이 상태가 되면 그 문제를 생각하기만 해도 쾌감을 얻는다.

3. 집중도가 올라가면 쾌감이 증가한다.

4. 규칙적인 운동과 몰입을 계속하면 쾌감이 몇 주일이고 몇 달이고 지속된다.

5. 사기와 의욕이 샘솟고 자신감이 생기며 낙천적으로 변한다.

6. 평소와 달리 창의적인 아이디어를 빠른 속도로 얻는다.

7. 감각이 섬세해지고 하루하루 감격적이다.

8. 문제 해결에 진전이 없으면 잠시 지루함을 느끼지만 아주 작은 진전에도 큰 희열을 느끼고 감동한다.

9. 자신이 하는 일에 신성하고 경건한 종교적 감정을 느낀다.

10. 가치관이 바뀐다.

몰입은 심리학에서 말하는 자아실현 단계에서 자신의 능력을 최대로 발휘하는 최고의 경험에 해당된다고 한다. 몰입 체험을 통해 이런 쾌감과 행복감을 느끼는 것은 뇌의 도파민 작용 때문이다.

황농문 교수는 서울대학교 공과대학 금속공학과를 졸업하고, 카이스트에서 석사 및 박사학위를 취득했다. 한국표준과학연구원 선임 및 책임연구원, 미국 국립표준기술원의 객원연구원으로 근무했고, 현재 서울대학교 재료공학부 교수로 재직 중이다. 『몰입』은 100쇄를 기록하는 등 지금도 독자의 사랑을 받고 있다.

위대한 기업을 이끄는
몰입의 힘

몰입은 자신이 가진 두뇌가동률을 100% 끌어내는 강력한 힘이 있다. 세계를 뒤흔든 초일류기업의 리더들에게서도 몰입을 엿볼 수 있다.

황농문 교수는『몰입』에서 마이크로소프트의 '싱크 위크Think Week'에 대해 소개했다. 빌 게이츠는 1년에 두 번 외딴 별장에서 마이크로소프트가 나아갈 방향에 대해 집중적으로 생각하는 사고 주간을 갖는다.

몰입의 중요성을 잘 알고 있는 빌 게이츠는 마이크로소프트의 연구원들에게도 몰입할 수 있는 근무환경을 제공했다. 마이크로소프트는 모든 연구원이 사무실을 혼자서 사용하도록 배려하는 세계 유일의 대기업이다. 또 이 회사의 모든 임원은 1년에 두 차례 싱크 위크를 갖는다.

이지성은『18시간 몰입의 법칙』에서 잭 웰치 등 몰입으로 성공한 리더들을 소개하고 있다.

"근무태도가 불성실하다는 이유로 일곱 번이나 직장에서 쫓겨난 사람이 있었다. 출근할 때는 습관처럼 신문을 읽었고 퇴근하면 친구들과 이곳저곳을 배회했다. 식사할 때는 무의미한 잡담을 나누었고 혼자

빌 게이츠는 1년에 두 번 외딴 별장에서 싱크 위크를 갖는다.

있을 때는 쓸데없는 생각에 빠져 있었다. 그런 그가 인생을 변화시킬 결심을 했다."

인생을 변화시키기로 한 잭 웰치는 꿈을 실현시킬 수 있는 사업을 하기로 마음먹었다. 그러기 위해 '하루 중 10시간은 온 힘을 기울여서 직접 일을 하고, 잠자는 시간을 뺀 나머지 8시간은 머릿속으로 일을 하고, 직접 일하는 시간을 18시간까지 점차 늘려가기'로 결심했다.

또 그는 '무의미한 만남은 갖지 말자. 무의미한 활동 역시 하지 말자. 언제나 지금 하고 있는 일만 생각하자. 그렇게 깨어 있는 동안 한 가지 일에 완벽하게 몰입하는 사람으로 변화시키자. 잠잘 때도 일과 관련된 꿈을 꾸자'고 다짐했다.

그 후 잭 웰치는 초일류기업 GE를 설립하고 1,093개의 특허를 등록

한 20세기 최고의 발명가가 되었다.

『18시간 몰입의 법칙』은 몰입으로 성공한 3M의 사례도 소개하고 있다. 3M은 모든 직원들이 생각을 할 수밖에 없는 구조를 만들어 놓은 것으로 유명하다. 이 회사는 최근 4년 동안 개발한 신제품의 매출이 그해 매출액의 30%에 미치지 못하면 팀의 리더가 퇴출되는 시스템을 도입해 혁신의 바람을 불러일으켰다. 상황이 이러하니 신제품 연구에 몰입하여 창조적이고 실용성 있는 제품을 만들어낼 수밖에 없었다.

이처럼 세상을 이끄는 초일류들은 몰입을 실천하고 있는데, 몰입을 넘어 초몰입의 경지에 이르면 자신의 두뇌능력을 100% 발휘할 수 있다.

07

♦♦♦

기업몰락의 5단계와
기업혁신의 6단계

　　　　　　　　　　　　　　멀고 험한 가시밭길을 달려 초일류 기업으로 성장하더라도 성공에 취하면 순식간에 몰락하고 만다. 산의 정상에 오르면 바람은 더 세차게 분다. 초일류의 자리를 지키려면 지속성장해야 한다. 그러기 위해서는 끊임없이 혁신해야 한다. 세계적인 경영의 구루 짐 콜린스는 기업의 몰락을 5단계로 정리했다.

　1. 성공을 자만하는 단계

　2. 원칙 없이 사업을 확장하는 단계

　3. 위기의 가능성을 무시하는 단계

　4. 뒤늦게 해결을 시도하는 단계

　5. 유명무실해지거나 생명이 다하는 단계

『탁월한 생각은 어떻게 만들어지는가』

당신의 조직은 어떠한가? 지금 문제가 없어 보이더라도 코닥, 노키아, 야후 같은 경우를 생각해 보자. 모든 것이 괜찮아 보이더라도 몰락하지 않고 지속성장하기 위해서는 항상 혁신해야 한다.

그렇다면 어떻게 해야 할까? 답은 '생산적 사고'에 있다. 팀 허슨의 『탁월한 생각은 어떻게 만들어지는가』에 따르면 사고는 크게 재생적 사고 reproductive thinking 와 생산적 사고 productive thinking 로 나뉜다. 생산적 사고는 새로운 것을 만들어내는 사고다. '안전한' 길에서 벗어나 놀라운 아이디어로 탄탄한 성장을 이루고 싶다면 생산적 사고를 해야 한다. 방법을 몰라도 괜찮다. 생각은 재능이 아니라 기술이므로 생각하는 기술을 익힐 수 있기 때문이다. 누구나 적절한 방법을 배우기만 하면 더 나은 생각을 할 수 있다.

『탁월한 생각은 어떻게 만들어지는가』는 저자가 평생 동안 포춘 500대 기업부터 소규모 단체에 이르기까지 다양한 규모의 조직과 함께 작업하면서 쌓아온 노하우의 결과물이다. 생산성, 창의성, 혁신성을 높이는 생산적 사고의 모든 것을 이 한 권에 담았다.

넷플릭스는 생산적 사고의 대명사라 할 만하다. 1997년 리드 헤이스팅스가 넷플릭스를 창업했을 때까지만 해도, 넷플릭스와 비디오 대여점의 실질적인 차이점은 온라인과 오프라인밖에 없었다. 그러다가 1999년 헤이스팅스는 영화를 빌려주는 대신 '영화를 볼 수 있는 자격'을 빌려준다는 아이디어를 떠올렸다. 이 아이디어 하나로 넷플릭스는 3년 안에 흑자로 돌아섰고, 현재는 전 세계에서 1억 8,000만 명이 구독하며 한국에서만 연 5,000억 원이 넘는 매출을 올리는 대기업으로 성장했다.

그렇다면 혁신적인 아이디어를 내려면 어떻게 해야 할까? 팀 허슨은 기업을 혁신하기 위한 6단계의 생각법을 제시한다.

1단계: 무슨 일이 일어나고 있는가? → 해결이 필요한 문제 탐구하기

2단계: 무엇을 성공으로 삼을 것인가? → 목표 기준 정하기

3단계: 어떤 질문을 던질 것인가? → 핵심 문제를 심도 있게 분석하기

4단계: 답변 생성 → 아이디어 씨앗 뿌리기

5단계: 해결 방안 → 아이디어를 강력한 해결 방안으로 구체화하기

6단계: 자원 조정 → 해결 방안 실행을 위한 자원 파악 및 할당

2부

초일류기업은
무 엇 이
다른가?

◆◆◆

01

삼성전자,
100년 초일류기업의
초격차전략

삼성전자 이재용 부회장

삼성과의 첫 인연,
미친 독서

오늘날 해외에서 '대한민국'을 모르는 사람은 있어도 '삼성'을 모르는 사람은 없을 것이다. 삼성전자의 세계 스마트폰 점유율은 1위2021년 1분기 기준 21.7%이고 전 세계 사람들은 TV와 냉장고 등 삼성전자의 가전제품을 애용하고 있다.

하지만 한때 삼성전자는 세계 1위는커녕 국내 1위에도 오르지 못했다. 1980년대 초까지만 해도 국내 가전업계는 금성사현 LG전자와 대우전자현 위니아전자가 이끌고 있었다. 이들보다 후발주자로 출발한 삼성전자는 1970년에 첫 번째 제품으로 흑백 TV와 선풍기를 내놓았지만 몇 년간 적자를 면치 못했다. 눈앞의 이익보다 먼 훗날을 내다보며 투자를 지속한 삼성전자는 이후 국내 1위 가전업체가 되었고, 2010년에는 매출 153조 원을 돌파하며 세계 최대 전자회사가 되었다. 2017년 12월 말에는 매출액 239조 5,753억 7,600만 원을 기록했는데, 이는 같은 해 우리나라 정부예산 400조 7천억여 원의 절반을 훨씬 웃도는 수치다.

오늘날 세계 1위 전자회사가 된 삼성전자를 비롯한 초일류기업에는 강력한 에너지가 있다. 그것은 바로 '초일류정신'이다. 초일류기업이 되기 위해서는 기술과 경영 등 눈에 보이는 것도 중요하겠지만 보이지 않은 것이 더 강력한 힘을 발휘하곤 한다. 우리는 삶을 대하는 태도에 따라 초일류, 일류, 이류, 삼류 등 다른 삶을 살게 된다.

나는 지난 15년간 삼성에서 강의했는데, 삶을 대하는 그들의 태도가 초일류임을 절실히 깨달았다. 오늘날 삼성에는 국내뿐만 전 세계의 인재들이 일하고 있는데, 이들은 초일류정신을 갖추고 있어서 초일류 인재로 통하고 초일류기업에 걸맞는 성과를 거두고 있는 것이다.

나는 지난 15년간 현대와 포스코 등 여러 기업에서 임직원을 대상으로 강의해 왔는데, 15년 전에 내가 처음으로 강의한 회사는 바로 삼성이었다. 삼성과 나를 이어준 인연의 끈은 '미친 독서'였다. 당시 삼성에서는 '미친 사람'을 찾고 있었다. 그때 나는 화려한 스펙도 없었고 심지어 지방대학을 나왔다. 하지만 책에 미쳐 있던 사람이었다.

고백하자면, 나는 대학에 들어가기 전까지는 교과서 외에는 책을 읽지 않았다. 그 흔한 동화책 한 권도 읽지 못하고 지리산 산골에서 교과서에만 목숨 걸고 공부를 한 것 같다. 부모님 역시 동화책을 사주실 형편이 못 되었고, 나 또한 그런 현실에 적응하며 교과서에 모든 학구열을 쏟아 부었다. 나의 어린 시절은 그렇게 지나갔다.

하지만 20대부터 내 운명이 바뀌었다. 나는 책이라는 강력한 무기를 만났다. 22살에 영어학원을 경영하면서 책을 읽기 시작했다. 학원 경영에 실패할까 봐 미친 듯이 책을 읽고, 책에서 경영의 지혜를 찾았다. 학생들의 성적이 떨어질 때마다 책을 읽으며 반성도 했고, 학부모들의 원성을 살 때마다 책으로 위로도 받았고, 직원 때문에 속상할 때

삼성전자 평택 캠퍼스

마다 손에 책을 들었다. 그렇게 책에 미쳐버린 나는 지금도 변함없이 날마다 책을 읽는다. 책에 미친 사람이 되면서 내 인생이 달라졌고, 독서가 우리 삶에서 얼마나 중요한지를 잘 알기 때문이다.

독서뿐만 아니라 무언가에 미쳐버리면 초일류가 될 수 있다. '잘하는 것보다 좋아하는 것을 해야 성공한다'는 말이 있는데, 무언가에 미치는 것은 좋아하는 수준을 넘어선 것이다. 어떤 일이든 미치도록 몰입하면 그 분야에서 최고가 될 수 있지 않을까?

다시 삼성이야기로 돌아가자. 어느 날 나는 책에 미친 사람으로 삼성에 불려갔다. 우연히 독서에 대한 강의를 진행했는데, 강의를 마치자 교육담당자가 직원들이 읽으면 좋은 책을 몇 권 추천해 달라고 요청했다. 준비된 자료도 없었지만 나는 추천도서 20권을 한 번에 쭉 칠판에 적어 내려갔다. 지금 생각해 보니 당시 교육담당자는 이 점에서 많은 점수를 준 것 같다. 화려한 스펙도 없었지만 독서에 미쳐 있어서 나도 모르게 열정을 발휘할 수 있었다.

그 첫 강의를 시작으로 15년째 삼성에서 강의를 하고 있다. 나는 많은 기업에서 강의하고 있지만 삼성에서 강의할 때가 가장 신난다. 삼성 사람들은 강의를 듣는 태도가 정말 남다르다. 그들은 강의시간에 한눈을 팔지 않고 강의 내용을 자기 것으로 흡수하는 능력이 뛰어나다. 강의에 집중하는 만큼 강사와 공감하는 능력 또한 뛰어나다. 이런 특성은 초일류기업에서 두드러지게 나타나는데, 회사에서 실시하는 강의라고 해서 형식적으로 강의에 참여하지 않고 하나라도 더 자기 것으로 만들기 위해 강의에 참여한다. 이렇게 열정을 불태우니 초일류인재가 될 수밖에.

운 좋게 나는 삼성에서 15년간 독서에 관한 강의를 하게 되었고, 현재도 진행 중이다. 그들은 강의에 참여하는 것 하나만 보더라도 무언가에 미치도록 몰입하는 사람들이다. 그들을 보면서 삼성이 왜 초일류기업이 되었는지를 깨닫게 되었는데, 이는 내게 큰 행운이었다.

삼성전자의 사내 커뮤니티 '행복한 책'은 600여 명의 회원 규모를 자랑한다.

몰입독서,
비약적인 성장의 자양분

초일류들은 무언가를 대할 때 단역이 아닌 주인공의 시선으로 바라보고, 최고의 감각을 발휘하는 성향이 있는데, 남이 아니라 자기 자신과 끊임없이 경쟁하려는 성향도 있다. 자기 자신과 끊임없이 경쟁하는 사람은 지속적으로 성장할 것이고 최고가 될 수밖에 없다.

독서는 인간을 지속적으로 성장시키는 최고의 자양분이다. 중국 당나라의 시인 두보杜甫는 '남아수독 오거서男兒須讀 五車書', '남자라면 모

름지기 다섯 수레에 실을 만큼의 책을 읽어야 한다'고 말했다. 많은 권수를 읽는 것보다 한 권을 읽더라도 제대로 읽는 것이 중요하다. 책의 내용을 자기 것으로 만들어야 한다. 그러기 위해서는 나에게 필요한 책을 읽어야 하고, 책의 저자가 전하는 메시지를 놓치지 않기 위해 주의를 기울이는 '몰입독서'가 필요하다.

오늘날 삼성이 초일류가 될 수 있었던 것은 몰입독서 덕분이다. 삼성 사람들은 책을 선택할 때 특정기관의 추천도서보다는 자신에게 적합한 분야의 책을 선택하고 책에 담긴 저자의 메시지를 깊이 있게 탐구한다. 글자를 읽는 데 그치지 않고 저자의 생각을 읽는다. 깨달음을 얻을 때까지 반복해서 읽는다. 완벽한 믿음과 간절한 바람으로 읽는다. 자신의 관심 주제를 다룬 책을 심도 깊게 읽으며, 책의 내용을 단편적으로 받아들이지 않고 다양하게 해석하며 읽는 주제별Syntopical 독서를 한다. 독서를 한 뒤에 책의 주제를 다양한 분야와 접목해내는 사색으로 이어지니, 시장의 니즈를 포착하는 안목과 창의적인 아이디어를 발휘하는 등 좋은 성과를 거두는 것이다.

창의성을 기르는 데 독서만큼 좋은 것이 없는데, 창의성은 삼성뿐만 아니라 초일류기업들이 원하는 능력이다. 삼성인력개발원 신태균 전 부원장의 책 『인재의 반격』은 기업이 어떤 인재를 원하는지 알려주고 있다.

'오늘날의 기업들은 창의적 조직화를 추구하면서 전통적 인재보다는 이재異才, 즉 끼 있는 인재 또는 튀는 인재를 선호하게 되었다. 기업이 선호하는 새로운 인재는 인성, 창의성, 전문성, 야성을 갖추어야 한다.' 독서를 통해 나를 되돌아보니 인성을 기를 수 있고, 책의 내용을 단편적으로 받아들이지 않고 다양하게 해석하고 이해하면 창의성과 전문성을 기를 수 있으며, 책을 능동적으로 읽으며 스스로 문제를 해결해내는 습관도 기르니 야성까지 기를 수 있을 것이다.

그런데 삼성의 독서는 세종에게 그 뿌리가 있다고 본다. 세종은 재임기간 26년 동안 하루에 15시간씩이나 일할 정도로 바빴지만, 하루에 두 시간씩 책을 읽었다. 그리고 독서할 때는 백독백습百讀百習, 100번 읽고 100번 쓸 정도로 책의 내용을 완벽히 자기 것으로 만들기 위해 몰입독서를 했다. 이와 마찬가지로 삼성 사람들은 업무가 아무리 바쁘더라도 독서를 게을리하지 않는다. 그리고 책에서 깨달음을 얻기 위해 반복적으로 읽는 몰입독서를 한다.

그렇다면 어떤 사람이 삼성의 임원이 될까? 지방대 출신이어도, 고졸이어도, 여성이어도 상관없다. 인사고과 때 3년 연속 A등급 이상을 받아야 하고, 업적 기여도가 탁월해야 한다. 이외에 업무태도, 대인관계, 조직관리 능력, 사업실패 사례 등도 평가 대상이다. 물론 사생활에서도 결격사유가 없는 검증된 인물이어야 한다.

삼성의 임원이 되기 위해서는 책임감과 도덕성 등을 철두철미하게 검증받아야 한다. 이런 기준을 통과한 삼성의 임원들은 강한 책임감과 도덕성을 바탕으로 놀라운 집중력을 발휘한다. 물론 이 모든 것의 뿌리는 몰입독서에 있다. 독서를 통해 자신의 능력을 끊임없이 향상시키고 세상을 다양하게 바라보니, 임원이 될 만한 자질을 저절로 기르게 되는 것이다.

초일류기업의
초격차전략

삼성의 강점을 이야기할 때는 '초격차전략'을 빼놓을 수 없다. 삼성이 걸어온 길을 보면 초격차전략이 어떻게 탄생했는지를 알 수 있다. 삼성이 걸어온 길은 멀고 험한 가시밭길이었다. 고 이건희 회장이 남긴 말들을 살펴보자.

"삼성을 세계적인 초일류기업으로 성장시킬 것!"
—1987년 회장 취임사

"마누라와 자식 빼고 다 바꿔야 한다!"
—1993년 신경영 선언

삼성전자는 현재에 안주하지 않고 혁신에 혁신을 거듭해 오늘날 초일류기업이 되었다. 초일류기업 삼성전자는 2000년부터 대한민국 주식시장의 1위를 흔들림 없이 유지하고 있다. 삼성전자의 시가총액은 보통주와 우선주를 포함해 543조 원에 육박한다 2020년 말 기준. 이는 대

『초격차』

한민국 전체 주식시장의 24%에 해당한다.

삼성전자의 주가 흐름을 보면, 호재가 있다고 하루아침에 폭등하지도 않고, 악재가 있다고 폭락하지도 않으며 큰 변동이 없다. 뿌리 깊은 나무가 바람이 쉽게 흔들리지 않는 것처럼 삼성전자는 주가 변동이 심하지 않고 장기적으로 우상향하니 투자자에게는 장기투자로 그만인 셈이다. 설사 주가가 오르지 않더라도 일 년에 네 번 분기마다 배당금도 제공하므로, 삼성전자 주식을 보유하고 있으면 주가가 오르면 오르는 대로 좋고, 주가가 오르지 않아도 배당금을 받아서 좋다.

유튜브 '연금박사'로 유명한 이영주는 "지금부터라도 매달 적금을 붓듯이 삼성전자 주식을 사 모으라"고 말한다. 그리고 삼성전자 주식을 투자 철학과 함께 자녀에게 물려줄 것을 권장한다. 자녀가 20살이 되었을 때 삼성전자 주식을 가지고 있으면 돈 한 푼 없이 사회생활을 시작하는 다른 친구들과 출발선부터 다르기 때문이다.

삼성의 초격차에 대해 알고 싶으면 권오현 회장의 『초격차』라는 책을 읽어야 한다. 나는 이 책을 읽고 서울대 AIP독서클럽에서 독서코칭을 하면서 열띤 토론도 진행했다. 읽고 또 읽어도 참 좋은 책이다.

이 책에서 권오현 회장은 4가지 핵심을 강조하는데, '리더, 조직, 전략, 인재'에 대해 말한다. 리더는 진솔함integrity, 겸손humility, 무사욕no greed, 3가지를 갖추어야 한다. 그런 다음 통찰력, 결단력, 실행력, 지속력을 갖추어야 하는데, 이것을 기르기 위해서는 반드시 독서광이 되어야 한다.

이 책은 강한 조직이 되기 위한 방법도 소개하고 있다. 조직은 누구를 어디에, 언제, 어떻게 채울 것인지를 순차적으로 고려해야 한다. 우선, 조직도를 그린 다음 적임자를 찾아야 한다. 적임자를 찾으면 반드시 평가와 보상을 하는데, 돈, 승진, 칭찬 등 구체적이고 확실한 보상으로 이어져야 한다. 역시 '돈은 귀신도 부린다'는 말이 틀린 말은 아닌 것 같다.

초격차전략은 삼성을 초일류기업으로 만든 전략이다. 다른 기업들과 더욱 격차를 벌리며 최고가 되기 위한 초격차를 이루기 위해서는 '개선'이 아니라 '혁신'을 해야 한다. 개선은 현재에서 벗어나는 것이고, 혁신은 새로운 영역으로 생각의 틀을 바꾸는 것이다. 초격차를 이루기 위해서는 기술뿐만 아니라 연구개발, 시스템, 인프라, 일하는 방식, 문화 등 모든 것을 혁신해야 한다.

그렇다면 초격차전략에 필요한 인재는 어떤 인재일까? 한마디로 '호기심이 많은 사람이 최고의 인재'이다. 처음부터 완벽한 인재는 없다. 삼성은 원석과 보석을 찾듯이 호기심이 많은 인재를 선발하고, 이들을 어떻게 양성할 것인가에 초점을 맞춘다.

혁신을 바탕으로 한 초격차전략으로 삼성전자는 오늘날 세계 최대 전자회사가 되었다. 1980년대에 국내 전자회사는 가전제품을 생산하는 데만 안주했지만 삼성전자는 일찍이 반도체사업에 투자했다. 당시만 해도 반도체사업은 미국과 일본 등 선진국이 주도하고 있었고, 개발도상국 국가가 진출하기에는 막대한 비용부담이 따랐다.

삼성전자는 1980년부터 삼성반도체를 합병한 후 반도체 개발에 적극 나서며 같은 해 한국전자통신을 인수했다. 또 경쟁사들보다 많은 비용을 연구개발에 투자했는데, 1987년 경기도 용인군 기흥읍에 삼성종합기술원을 설립했다. 1988년 미국 마이크로 파이브 사를 인수하며 삼성반도체통신을 합병했다. 1992년 세계 최초로 64M D램을 개발했고, 1994년 256M D램, 1996년 1G D램도 세계 최초로 개발했다.

또 삼성전자는 반도체사업뿐만 아니라 스마트폰사업에도 일찌감치 투자해 오늘날 애플을 제치고 세계 최대 스마트폰 시장점유율을 차지하게 되었다. 이러한 초격차전략을 우리는 본받을 만하다. 갈수록 경쟁이 치열해지는 세상에서 살아남기 위해서는 현재에 안주하지 않고 미래에 살아남기 위한 초격차전략이 필요하기 때문이다.

초일류인재들의
초일류혁신

브랜드 파이낸스는 해마다 세계 기업의 브랜드가치를 평가하고 있는데, 2018년 '삼성의 브랜드가치는 약 104조 원의 가치를 지녔다'고 평가하면서 세계 500대 기업 중 4위로 삼성전자를 선정했다. 삼성의 매출액은 우리나라 GDP의 약 16%를 차지하고 있는데, 멕시코의 GDP보다 높다.

일례로 베트남경제에서 삼성이 차지하는 비중은 어마어마하다. 베트남의 타이응우옌과 호치민 등에는 삼성의 생산시설이 있는데, 이들 법인의 총매출은 베트남 GDP의 약 27.6%2018년 기준에 달한다. 삼성은 15만여 명의 베트남인을 고용하고 있으니, 베트남 정부는 총리가 직접 나서서 삼성을 지원하고 있다. 세금 혜택을 주거나, 지방 행정 기관을 통해 기업 운영에 필요한 도움을 주고 있다.

오늘날 세계의 기업이 된 삼성전자는 국민과 국가, 인류에 필요한 산업을 일으켜 국가 경제에 기여하는 것을 지향하고 있다. 이건희 회장

삼성전자 베트남 공장

은 자신의 이익을 중시하지 않고 국민, 나라, 인류 전체를 위하는 마음을 임직원에게 강조했다.

그런데 대만과 중국 등에 비해 우리나라 정부는 기업에 인색한 편이다. 대만의 반도체 TSMC는 세계 파운드리위탁생산 반도체 시장점유율 54%2020년 기준로 1위를 차지하고 있다. 현재 삼성전자의 세계 파운드리 반도체 시장점유율은 17%로 2위인데, 이재용 삼성전자 부회장은 "2030년까지 파운드리 반도체 세계 1위를 달성하겠다"고 선언했다. 하지만 삼성전자를 가장 경계하는 TSMC는 3년간 1,000억 달러약 116조 원의 역대 최대비용을 설비투자할 것이라고 발표했다. 또 인텔은 200억 달러를 투자해 파운드리 반도체사업에 복귀할 계획이다.

현재 세계 파운드리 반도체 시장점유율 1위인 TSMC는 대만 정부의 전폭적인 지지를 받고 있다. TSMC는 자본금의 절반을 대만 ITRI에서 출자받은 공기업으로 출발했다. ITRI는 자금뿐만 아니라 공동 개발한 원천기술을 TSMC를 비롯한 자국 반도체 기업에 제공했다. TSMC는 1992년 대만 정부가 지분 대부분을 처분하면서 민영화되었지만, 여전히 지분의 약 7%를 대만 정부가 보유하고 있다. 또 '대만의 실리콘밸리'라 불리는 신주과학공업단지新竹科學工業園區 는 TSMC를 위한 산업 클러스터 역할을 수행했다.

이건희 회장은 생전에 한국 사회를 향해 뼈아픈 충고를 종종 던졌는데, 그중에서 가장 기억에 남는 말은 이 회장이 1995년 중국을 방문한 뒤 남긴 말이다.

"중국은 국가주석이 '연구·개발 비용은 얼마냐'고 물을 정도로 반도체에 관심이 많은데, 우리는 반도체 공장 건설을 신청해도 허가가 안 나고 도장은 1,000개나 필요합니다."

이 말은 낡은 행정과 우물 안 정치가 기업의 발목을 잡고 있다는 뜻이다. 지금 세계 반도체 시장은 공급이 수요를 못 따라갈 정도로 공급 부족 대란을 겪고 있다. 반도체 부족으로 포드와 현대기아차 등 글로벌 자동차기업이 생산차질을 빚을 정도다. 최근에 바이든 대통령은 반도체 대란을 겪자 미국의 반도체산업을 발전시키기 위해 각국의 기업 대표들과 화상회의를 한 바 있다. 4차산업혁명이 확산되고 코로나 이후 글로벌 경기회복에 대한 기대감에 PC와 스마트폰 등에 들어가는 D램 가격이 크게 오르는 반도체 슈퍼 사이클도 맞고 있는데, 미국과 대만 등이 반도체 시장에서 우위를 선점하기 위해 경쟁하고 있다.

하지만 예나 지금이나 한국의 정치와 행정은 크게 달라지지 않은 것 같다. 4류 정치, 3류 행정에도 불구하고 삼성이 글로벌 초일류기업으로 도약할 수 있었던 것은 이건희 회장 같은 탁월한 리더가 있었기 때문이다. 얼마 전까지 삼성의 리더 이재용 부회장이 구속수감으로 경영일선에서 물러나 있었으니, 세계 각국이 벌이는 반도체 패권전쟁에서 삼성전자는 불리한 입장이다.

이러한 우려에도 불구하고 지금 이 순간에도 삼성은 초일류기업으로 지속성장하고 있다. 삼성은 설립 당시부터 초일류를 추구하고 있다. 1938년 대구에서 삼성상회를 설립했을 때 호암 이병철 회장은 '크고, 강하고, 영원하라'는 세 가지 소망을 삼성이라는 브랜드에 담아 100년 기업을 꿈꾸었다. 창업 때부터 초일류를 목표로 한 것이다.

그렇지만 오늘날의 초일류기업이 되기까지 숱한 시련과 고난도 따랐다. 어느 날 나는 삼성에 강의를 하러 갔는데, 강의에 앞서 특별한 비디오 영상을 보았다. 그 영상에서는 이건희 회장의 목소리가 들렸다.

"휴대폰과 관련된 모든 제품을 회수해서 공장 사람들이 보는 앞에서 태우시오!"

이후 영상에서는 그 유명한 '애니콜 화형식'이 거행되었다. 1995년 3월 9일 삼성전자 구미사업장 운동장에서 시장에 출시한 애니콜 불량 휴대폰 15만여 대를 전량 회수해 모두 불태우는 장면이었다. 직원들

애니콜 화형식

은 그 장면을 지켜보면서 마치 애지중지 정성을 다해 키운 자식을 스스로 태우는 것 같아 뼈아픈 눈물을 흘렸다.

이처럼 엄청난 손실을 감수한 끝에 4개월 뒤 놀라운 일이 벌어졌다. 삼성 애니콜은 미국의 모토로라를 제치고 국내 휴대폰 시장점유율 51.5%로 1위를 차지했다. 이후 애니콜은 1997년 5월 올림픽 공식 파트너로 선정되면서 삼성의 브랜드를 전 세계에 널리 알렸고, 2002년 일명 '이건희폰'으로 불린 'SGH-T100'을 1,000만 대 이상 판매했다.

'부전자전'이라고 했던가. 이건희 회장이 애니콜 화형식을 했듯이 이재용 부회장도 갤럭시노트7 전량을 자발적 리콜했다. 2016년 8월 삼성전자는 미국과 한국 등에서 갤럭시노트7을 판매하기 시작했는데, 불량 배터리로 인해 발화사고가 발생하자 9월 10일 판매를 중단하고, 전 세계 10개국에서 판매한 갤럭시노트7 250만 대 전량을 대상으로 리콜을 실시했다.

그러자 일각에서는 삼성전자의 리콜 결정이 '너무 과한 것이 아닌가' 하는 우려가 제기되었다. 갤럭시노트7은 100만 대 중 24개가량이 불량으로 확인되어 불량률이 0.0024%에 불과하고, 이미 판매한 240만 대를 전량 교환한다면 2조 5천억 원에 이르는 막대한 비용이 들기 때문이다. 하지만 삼성전자는 자발적 리콜을 실시했고, 이로 인해 주가도 곤두박질쳤다. 자발절 리콜을 발표한 9월 10일 삼성전자의 주가는 전날보다 11만 6천 원7.37% 떨어진 145만 9천 원으로 주가가 하락했다.

삼성은 오늘날 세계 최고 품질의 갤럭시 스마트폰을 생산하고 있다. 혁신에 혁신을 거듭한 끝에 오늘날 모든 인류의 필수품인 스마트폰, 인류에게 기쁨과 즐거움 등을 제공하는 스마트폰을 세계에서 가장 많이 만들어서 인류공헌을 실현하고 있다.

그렇다. 혁신은 결국 사람에게서 나온다. 이건희 회장이 막대한 손실을 감수하면서까지 직원들 앞에서 애니콜 화형식을 거행한 것은 그러한 생각 때문이었을 것이다. 예나 지금이나 삼성은 인재경영에 그 어느 기업보다 공을 들이고 있다.

최고의 인재들 앞에서 강의하는 나는 항상 무거운 책임감을 느낀다. 삼성의 창업가인 이병철 회장은 인재양성을 무엇보다 중요하게 여겼다. 그는 평소에 "일년지계一年之計는 곡식을 심는 일이요, 십년지계十年之計는 나무를 심는 일이며, 백년지계百年之計는 사람을 기르는 일"이라는 격언을 자주 인용했다.

호암의 이러한 기업가정신은 이건희 회장의 인재경영으로 이어졌다. 1995년 이 회장은 '학력과 성별, 직종에 따른 불합리한 인사차별을 하지 말라'는 열린 인사를 지시했고, 삼성은 이를 받아들여 '공채 학력 제한 폐지'를 선언했다. 삼성은 이때부터 연공서열식 인사기조가 아닌 능력급제를 전격 시행했다. 어찌 보면 화려한 스펙도 없던 내가 삼성에서 강의할 수 있었던 것은 이러한 기업문화 덕분이다. 한 분야에 미쳐버릴 만큼 열정이 있는 사람에게, 예나 지금이나 삼성의 문은 활짝 열려 있다.

현재에 만족하면
미래는 없다

이건희 회장의 뒤를 이은 이재용 부회장은 2018년 8월 '4대 미래 성장사업'을 선정했다. 인공지능AI, 5세대5G 통신, 바이오, 자동차용 전장부품 등을 '4대 미래 성장사업'으로 꼽으며 삼성이 '글로벌 리딩 테크 기업'을 지향한다는 점을 밝혔다.

이재용 부회장은 구글, 아마존, 애플 등 미국의 글로벌 리딩 테크 기업과 초격차를 벌이려는 의지를 갖고 있다. 이보다 8년 전인 2010년에

삼성전자 창립 50주년 기념영상의 한 장면

이건희 회장은 발광다이오드LED, 태양전지, 자동차용 전지, 의료기기, 바이오 등을 5대 신수종 사업으로 선정했다. 이재용 부회장은 인공지능AI, 5세대5G 통신, 바이오, 자동차용 전장부품 등을 4대 미래 성장 사업으로 선정했는데, 이것들은 4차산업혁명과 관련된 산업이다. 이 부회장은 삼성을 4차산업혁명을 선도하는 기업으로 전환시키겠다고 밝힌 셈이다.

이제 삼성은 후발주자의 이미지에서 벗어나기 위해 '선견先見, 선수先手, 선제先制, 선점先占'을 추구하는 선도기업을 목표로 하고 있다.

2019년 삼성은 창립 50주년을 맞았다. 지금까지는 모두의 헌신과 노력으로 최고를 향해 달려왔고, 앞으로 50년은 더 건강하고 행복한 미래를 만들기 위해 함께 나누고 성장하며 세계 최고 자리를 지키기 위해 걸어나고 있다.

더 이상 올라갈 곳이 없는 최고의 자리에 올라본 사람은 알 것이다. 가장 높은 자리에 있는 만큼 숱한 도전을 받고 위기를 겪을 수 있다. 삼성은 왕좌를 지키기 위해 위기경영을 준비한다.

위대한 성취를 이루더라도 탄탄대로를 걸으란 법은 없다. 최고의 자리에 오를수록 더 많은 위기를 겪을 수밖에 없는데, 초일류기업들은 위기에 대비하는 위기경영에 강하다. 기업이든 개인이든 잘나갈 때일수록 더 겸손해야 하고, 기업은 성과를 낼 때 또 다른 위기에 대비해야 한다. 삼성 등 초일류기업의 위기경영은 글로벌 선두를 달리면서도 2등과의 격차를 극대화하는 것이다. 시간이 갈수록 더 격차를 벌림으로써 다른 기업으로 하여금 스스로 포기하거나 무너지게 만드는 것이다. 이것이 바로 앞에서도 언급한 '초격차전략'이다.

가재산은 25년간 삼성에서 일하며 삼성의 경영관리부터 인사기획, 경영혁신 등에 대해 느낀 점을 『삼성이 진짜 강한 이유』라는 책을 통해 상세히 설명했다.

삼성이 강한 진짜 이유는 무엇일까? 이 책은 인재경영이라고 말한다. 일본의 마쓰스타 고노스케는 "무엇을 만드는 회사입니까?"라는 질문에 "우리 회사는 사람을 키우는 회사입니다"라고 답했다. 이와 마찬가지로 삼성은 사람을 키우는 회사이다.

삼성은 치밀한 일본식 경영과 효율적인 미국식 경영에서 좋은 것만

『삼성이 진짜 강한 이유』

취합했다. 사람, 조직, 조직력이라는 3개의 축으로 탄탄히 뿌리를 내렸다.

『삼성이 진짜 강한 이유』에 의하면 삼성이 진짜 강한 세 가지 이유는 이렇다.

첫째, 우수한 인재를 많이 확보하고 철저히 교육하는 것

둘째, 제도와 시스템에 의한 경영으로 강한 조직역량을 발휘하는 것

셋째, 한 방향의 실행력을 가진 문화가 있는 것

이 책은 삼성만의 특별한 인재관리방법도 소개하고 있다. 삼성은 인재를 A급 인재, B급 인재, C급 인재로 분류하고 있다. A급 인재는 계

속 유지시키고, B급과 C급 인재는 부진한 이유를 파악해 A급 인재로 육성시킨다. 핵심인재로 정착시키기 위한 멘토 제도, 인력의 퇴직 가능성을 관리하는 퇴직 조기경보체제, 가족까지 챙기는 집안일 지원체제, 파격적 보상과 인센티브 등을 채택하고 있다. 특히 이건희 회장은 인센티브의 신봉자다. 그는 인센티브가 조직활성화와 개인의 창의력 발휘에 크게 기여한다고 믿었다. "돈은 귀신도 부린다. 하물며 사람쯤이야……"라고 했던 사마천의 말이 생각난다.

삼성이 초일류기업이 될 수 있었던 것은 역시 인재를 잘 채용하고, 교육하고 키웠기 때문이다. 지난 15년간 삼성에 강의하면서 나는 이 사실을 절실히 깨달았다.

코로나 팬데믹 이후 1년 이상 삼성 강의가 일시 중단되었다. 한동안 강의를 하지 못했지만, 최근에 다시 삼성전자에서 강의를 시작하게 되었다. 오랜만에 삼성전자 식구들과 만나면서 느낀 것은 '역시 삼성!'이다. 강의실에서 만난 삼성 구성원들의 살아 있는 눈빛에서 강한 열정을 느낄 수 있었고, 현장 곳곳에서 미래먹거리를 찾기 위해 고군분투하는 모습을 엿볼 수 있었다.

지난 15년간 독서경영 강의에 참여했던 메모리팀 김선식 전무는 내게 삼성의 인재가 무엇이 다른지를 분명히 일깨워 주었다. 그는 독서를 통해 두 가지를 얻게 되었다고 했다.

"첫째, 돈을 써야 할 곳과 쓰지 말아야 할 곳을 명확히 구분하게 되었고, 둘째, 시간을 써야 할 곳과 쓰지 말아야 할 곳을 분명히 판단하게 되었다."

얼마나 멋진 말인가? 언제나 답은 현장에서 찾을 수 있다. 책을 읽고 현장에서 답을 찾았으니 초일류기업에 걸맞는 인재라 할 수 있다.

삼성이 초일류기업을 넘어 존경받는 기업, 신뢰받는 기업으로 지속 성장하기를 응원해 본다.

◆◆◆

02

포스코케미칼,
철의 뚝심으로
이차전지소재 초일류로

포스코 최정우 회장

용광로처럼 뜨거운 열정으로
초일류를 향해 달린다

인류는 철을 이용하면서 새로운 세상을 열게 되었다. 보다 강한 도구와 무기 등을 얻게 되면서 국가가 생겨났고, 오늘날에도 철은 자동차와 선박, 기계, 가전제품, 건축물, 각종도구 등 우리 생활에 없어서는 안 될 것들을 만드는 데 필요한 소재로 활용되고 있다. 그래서 철은 흔히 '산업의 쌀'로 불린다.

우리나라의 철강산업은 1968년에 설립된 포항제철포스코의 전신이 1973년부터 가동되기 시작하면서 철강 생산량 100만 톤을 돌파했고, 산업화에 따른 수요 증가 등으로 지속적으로 성장해 왔다. 2014년에는 7,154만 3천 톤을 생산하며 세계 5위 철강생산국이 되었다. 하지만 2020년에는 코로나로 세계경제가 위축되고 철강산업이 부진하자 포스코의 매출액은 2019년 64조 3,668천 억 원에서 2020년 57조 928억 원으로 줄었다. 다행히 2021년이 시작되자 코로나 백신접종과 경기회복 기대감으로 포스코의 1분기 매출은 16조 원으로 상승했다.

그런데 포스코는 새로운 변화를 맞고 있다. 과거에 철강산업에 투자해 성장했던 것처럼 포스코의 미래먹거리를 책임질 미래신사업에 투자를 아끼지 않고 있기 때문이다.

포스코 최정우 회장은 2018년 취임 당시 경영이념으로 '기업시민'을 제시했다. '기업시민'은 송호근 서울대 사회학과 교수가 쓴 『혁신의 용광로』에서도 나온 개념인데, 기업이 사회적 책임을 넘어 시민으로서의 역할을 다해야 한다는 경영이념이다. 이 경영이념을 기본으로 포스코 최정우 회장은 해마다 100년 기업으로 도약하기 위한 비전을 공유했다.

　최정우 회장은 취임 당시 "2030년까지 포스코의 철강·비철강·신성장사업의 수익 비중을 각각 40%, 40%, 20%로 만들겠다"고 선언했다. 이차전지소재·스마트팩토리·친환경에너지 등의 분야가 미래먹거리가 될 것으로 예견하고 포스코의 혁신을 시도한 것이다. 그 결과 포스코는 '안주하는 일류'가 아닌 '성장하는 초일류'로 순항 중이다. 포스코는 현재 철강의 뒤를 잇는 미래신사업에 투자하고 있다. 탄소중립 시대를 맞아 전통적인 '굴뚝산업'의 대표주자에서 'ESG경영'의 선두주자로 변신하고 있다.

　ESG Environmental, Social and Governance 는 환경Environment ·사회Social ·지배구조Governance의 머리글자를 딴 단어로, ESG경영은 친환경, 사회적 책임, 지배구조 개선 등을 고려해야 기업이 지속 가능한 발전을 할 수 있다는 철학을 담고 있다. 오늘날 지구촌에 고통을 안긴 코로나19는 기후변화 등 환경문제 때문에 생긴 것이다. 코로나 이후 환경에 대한 관심이 높아지면서 ESG경영은 개별 기업을 넘어 국가, 더 나아가 세계경제의 거대담론으로 부상하고 있다. 이러한 흐름에 발맞춰 포스코 최정우 회장은 올해 신년사에서 "기업의 ESG경영에 대한 사회적 요구가 커지면서 우리포스코의 기업시민 경영이념 실천이 중요해진 시점"이라

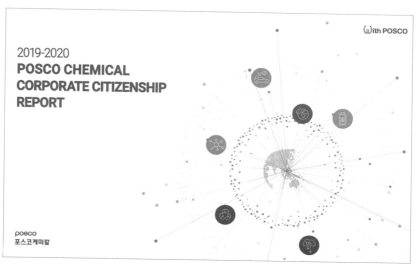

포스코케미칼은 ESG 성과를 담은 기업시민보고서를 발간했다.

고 당부했다.

2030년 세계 이차전지소재 시장 점유율 20% 달성

취임 당시부터 이차전지소재·스마트팩토리·친환경에너지 등을 미래먹거리로 선정한 최정우 회장은 2020년 12월 미래신사업 육성에 초점을 맞춘 조직개편과 정기임원인사를 단행했다. 최고경영자CEO 직속으로 산업가스·수소사업부와 물류사업부를 신설했고, 이차전지소재사업을 담당하는 포스코케미칼 에너지소재본부를 에너지소재사업부로 개편해 조직과 인력을 확충했다. 또 양극재와 음극재 등 이차전지소재사업과 리튬·니켈 및 흑연 등 이차전지 핵심원료사업도 확대하겠다고 선언했다.

포스코는 2030년까지 연간 리튬 22만 톤, 니켈 10만 톤을 자체생산해 포스코케미칼에 공급할 것이다. 포스코케미칼은 양극재 40만 톤, 음극재 26만 톤의 생산 체계를 구축할 것이다. 이 계획이 실현되면 포스코케미칼은 세계 이차전지소재 시장에서 점유율을 20%까지 높여 연매출 23조 원을 달성할 것이다.

나는 10여 년 전부터 포스코케미칼에서 강의했는데, 얼마 전까지만 해도 포스코케미칼이 이렇게 크게 성장할 거라고 미처 짐작하지 못했다. 하지만 이 회사는 엄청난 변화와 더불어 무서운 속도로 성장하고 있다.

인터뷰를 위해 포스코케미칼 민경준 사장을 만났을 때 첫인상은 용광로처럼 뜨거운 열정이 느껴졌다. 제철소의 엔지니어 출신인 그는 만날 때마다 열정이 넘친다.

포스코케미칼은 '최고의 제품으로 새로운 가치를 창출하여 행복한 사회를 만든다'는 비전을 갖고 있다. 핵심가치로 '신뢰, 창의, 도전, 안전'을 중심에 두고 있다. 이차전지소재인 양극재와 음극재 등을 생산하는 포스코케미칼은 화학과 소재 분야에서 시장을 선도하는 제품과 서비스로 차별화된 고객 가치를 만들어 나가고 있다.

양극재를 생산하는 포스코케미칼 광양 공장

포스코케미칼은 화학과 에너지소재 분야의 글로벌기업이다. 실질을 우선하고 실행을 중시하며 실리를 추구한다. 형식보다는 실질을 우선하고, 보고보다는 실행을 중시하며, 명분보다는 실리를 추구함으로써 가치경영, 상생경영, 혁신경영을 실현해 간다.

1971년 포항축로 주식회사로 출발한 포스코케미칼은 지난 50여 년간 국내 최고의 내화물 및 축로 전문 회사로 안정적인 성장을 이어왔다. 또 포스코의 포항제철소와 광양제철소에 국내 최대 규모의 생석회를 공급하고, 콜타르와 조경유 등 석탄화학 산업에 진출했다. 인도네시아와 중국에서도 고성장이 기대되는 글로벌 사업 네트워크를 구축했다.

기초산업소재 분야에서 기술력과 풍부한 경험, 독창적인 노하우를 바탕으로 이제 포스코케미칼은 새로운 도전을 하고 있다. 몇 년 전부터 이 회사는 이차전지소재 초일류기업으로 변신하고 있다. 포스코케미칼은 지금까지 쌓아온 독보적인 기술과 사업 인프라를 바탕으로, 미래 고부가가치 소재인 2차전지 음극재와 양극재를 생산하며, 에너지 소재산업의 글로벌 리딩 기업으로 도약해 나가고 있다.

포스코케미칼은 민경준 사장을 중심으로 임직원들의 뜨거운 열정이 불타올라 하모니를 이루고 있다. 민경준 사장은 2010년 포스코 광양제철소 압연담당 부소장, 2012년 크라카타우포스코 법인장, 2018년 1월 중국 장가항포항불수강유한공사 법인장을 거쳐 2018년 12월 포스코케미칼 대표이사사장가 되었다.

그는 대표이사 취임식에서 다음과 같이 말했다.

"포스코케미칼을 모두가 안심할 수 있는 안전하고 행복한 일터로 만들고, 에너지 소재사업의 통합 시너지 극대화를 비롯해 기존 사업을 더욱 강건히 하는 등 종합 화학 소재기업으로 차별화된 경쟁력을 완성해 나가겠습니다. 임직원과의 활발한 소통에도 앞장서 열린 기업 문화를 만드는 데 힘쓰겠습니다."

2021년 3월 31일 포스코케미칼 창립 50주년 기념식에서 민경준 사장은 다음과 같이 말했다.

"우리 힘으로 이뤄낸 음극재 국산화, 양극재 양산 기반 마련, 침상 코크스 국산화 등은 끊임없는 도전의 결실로 마땅히 자부심을 가질

창립 50주년 기념식에서 이야기하는 민경준 사장

일입니다. 성공의 경험을 바탕으로 세계 최고의 경쟁력을 확보해 50
년, 100년을 넘어 영속하는 기업으로 만들어 나갑시다!"

50년을 넘어 100년 기업이 되기 위해서는 구체적인 로드맵이 있어
야 할 것이다. 민경준 사장은 글로벌 경쟁력을 갖춘 100년 기업이 되
기 위한 과제로 '세계 최고 수준의 기술과 품질 확보, 원 팀 정신One
Team Spirit 기업문화의 지속 발전, 산업발전에 기여해 온 창업이념의 내
재화' 등 세 가지를 제시했다.

앞으로 포스코케미칼은 포스코그룹의 핵심 계열사로 성장할 것이
다. 아직 그룹에서 이익 비중은 미미하지만 최정우 회장이 취임 당시

포스코케미칼 세종 음극재 공장 생산라인

부터 이차전지소재·스마트팩토리·친환경에너지 등을 미래먹거리로
선정했으니, 이차전지소재를 생산하는 포스코케미칼은 지속성장할
것이다.

세계 배터리시장의 규모는 2018년 114GWh에서 2025년
480GWh로 연평균 22% 이상 성장할 것으로 예상된다. 포스코케미
칼은 2019년 3월 주주총회에서 회사명을 포스코켐텍에서 포스코케
미칼로 바꾸는 등 포스코그룹을 대표하는 화학 및 소재기업의 정체성
을 분명히 하고 있다.

2019년 4월 1일 포스코케미칼은 포스코ESM을 흡수합병하면서 이
차전지소재사업을 확대하는 데 속도를 내고 있다. 포스코ESM을 흡수
합병한 것은 미래먹거리를 선점한 신의 한수라고 할 수 있다.

최정우 회장은 포스코 회장에 오르기 전에 6개월 동안 포스코케미칼의 대표이사로 재직한 만큼 포스코케미칼에 대한 애정이 각별하다. 그는 2018년 11월 100대 개혁과제를 발표한 이후에 첫 현장행보로 포스코케미칼 음극재 1공장 준공식과 2공장 착공식에 참석해 힘을 실어줬다. 이 착공식에 박진수 당시 LG화학 부회장과 전영현 삼성SDI 사장 등 쟁쟁한 고객사 대표이사들이 참석했다는 점에서도 포스코케미칼을 향한 기대를 확인할 수 있다.

포스코케미칼은 포스코그룹의 든든한 지원을 받는 만큼 이차전지 소재업체인 E사, L사 등에 비해 성장성이 뛰어나다. 게다가 2021년 1월 1조 2,735억 원 규모의 유상증자를 완료해 자금을 확보했는데, 6,878억 원은 양극재와 음극재 등 이차전지소재의 국내 생산설비를 증설하기 위한 투자자금으로, 4,410억 원은 운영자금으로, 1,447억 원은 유럽법인의 양극재공장 신설 투자자금으로 각각 투입된다. 이외에도 포항과 미국 등 국내외에서 생산라인을 늘릴 계획이므로 매출도 지속성장할 것이다.

포스코케미칼 민경준 사장은 말한다.

"지금 전투 현장에 있다는 생각으로 항상 각오를 다지고 있습니다."

포스코가 중시하는 핵심가치는
안전, 상생, 윤리, 창의

포스코그룹이 추구하는 핵심가치는 안전, 상생, 윤리, 창의이다. '안전'은 인간존중을 우선으로 직책보임자부터 솔선수범해 실천우선의 안전행동을 체질화하는 것이다. '상생'은 배려와 나눔을 실천하고 공생발전을 추구하며, 사회적 가치창출을 통해 함께 지속성장하는 것이다. '윤리'는 사회구성원 간의 상호신뢰를 기반으로 정도를 추구하고 신상필벌信賞必罰, 상을 줄 만한 자에게 반드시 상을 주고, 벌을 받을 만한 자에게는 반드시 벌을 준다는 뜻의 원칙을 지키는 것이다. '창의'는 열린 사고로 개방적인 협력을 통해 문제를 주도적으로 해결하는 것이다.

포스코는 무엇보다도 '안전'을 중시한다. '초일류기업의 출발점은 안전'이라고 여기기 때문이다. 강한 현장이 강한 기업을 만들 듯, 안전한 현장이 초일류기업을 만드는 출발점이다. 포스코의 목표를 실현하기 위한 가장 중요한 가치로 '안전'을 제시하고, 일터에서의 안전이 '나와 가족의 삶 그 자체'임을 강조한다.

또 포스코케미칼을 포함한 포스코그룹은 기업의 사회적 책임을 다하기 위해 윤리경영을 추구한다. 포스코그룹은 2003년 모든 임직원이 지키고 발전시켜 나가야 할 윤리적 가치와 행동기준으로, 희생과 봉사를 근간으로 하는 제철보국製鐵報國의 창업정신을 계승하고 새로운 시대정신을 반영한 윤리규범을 제정했다. 2014년에는 인간존중을 표방하는 유엔 인권경영을 윤리규범에 명시적으로 포함시켰으며, 최근에는 윤리를 경영의 최우선가치로 추구하는 윤리규범을 개정하게 되었다.

포스코그룹의 윤리규범은 전문前文에 이어 임직원의 윤리규범 준수의무 및 임직원의 역할과 책임을 반영한 윤리경영원칙 그리고 윤리적 의사결정의 기준인 실천지침 등으로 이루어져 있다. 포스코케미칼의 모든 임직원들은 업무를 추진하는 전 과정에서 윤리규범이 정한 윤리원칙과 실천지침을 철저히 준수해야 한다.

〈윤리규범 준수의무〉

1) 포스코케미칼이 사업을 운영하는 전 세계 어느 곳에서나 관련 법규 및 규정을 준수해야 한다.

2) 포스코케미칼 임직원으로서의 품위를 지키며 기업평판 유지를 위해 노력해야 한다.

3) 모든 업무수행 및 거래관계에서 정직하고 공정하며 신뢰를 지켜야 한다.

4) 회사와 개인의 이해가 상충되는 행위를 하지 않는다.

5) 임직원 및 이해관계자에 대해 인종, 국적, 성별, 장애, 종교 등을 이유로 불합리한 차별을 하지 않고 개인의 존엄성과 다양성을 존중해야 한다.

6) 안전한 직장을 만들고 환경을 보호하기 위해 노력해야 한다.

7) 임직원은 윤리적인 행동에 책임을 지고 실천함으로써 윤리적 문화를 정착하는 데 최선을 다해야 한다.

〈임직원의 역할과 책임〉

임직원은 윤리규범의 모든 내용을 이해하고 실천하며, 글로벌 기업의 일원으로서 반부패 관련 국내외 법령을 준수해야 한다.

1) 윤리규범의 이해와 준수
    ① 윤리규범의 모든 내용을 숙지하고 성실히 준수하여야 한다.
    ② 윤리규범에 저촉될 우려가 있는 상황에 대해서는 부서장 또는 정도경영
       그룹과 상담을 한 후 의사결정을 해야 한다.
    ③ 비윤리행위를 한 경우에는 그에 상응하는 책임을 진다.

2) 비윤리행위 신고와 상담
    ① 본인이나 타인의 행위가 윤리규범에 저촉된 사실을 알게 된 경우에는 부서
       장 또는 정도경영그룹에 즉시 신고 또는 상담해야 한다.
    ② 윤리규범에 저촉된 사실을 신고 또는 상담할 수 있는 여러 가지 방법을 알고
       있어야 한다.

3) 리더의 역할과 책임
    리더는 윤리준수를 통해 비윤리행위를 예방하고 근절함으로써 회사의 본원
경쟁력 제고에 중추적인 역할을 다한다.

    ① 의사결정회사의 이익과 윤리가 상충될 경우 윤리 우선의 의사결정을 할 의
       무가 있다.

② 경영책임비윤리행위 발생 시 무한책임을 지고, 부하직원의 비윤리행위 시에도 관리책임을 진다.

③ 업무수행: 철저히 법을 지키며 사익을 추구하지 않고 회사의 기업가치 창출에 최선을 다하며 부정부패한 이해관계자와는 거래하지 않는다.

④ 청탁배제: 모든 청탁을 근절하고 외부인과 연계하여 업무상 영향력 행사를 배제한다.

⑤ 인간존중: 조직 내 성희롱과 폭언 등 인간존중을 저해하는 행위근절에 노력한다.

⑥ 실천활동: '윤리실천 프로그램'을 주도적으로 운영함으로써 윤리실천 수준을 세계 최고로 올릴 수 있도록 역할을 다한다.

〈윤리규범 위반에 대한 처벌〉

윤리규범을 위반한 임직원은 관련 규정에 따라 해고를 포함한 처벌을 받을 수 있다. 특히 금품수수, 횡령, 정보조작, 성윤리 위반에 대해서는 무관용 원칙을 적용한다.

1) 처벌대상 행위

① 윤리규범을 위반하거나 다른 사람에게 규범을 위반하도록 요구한 경우

② 이미 알고 있거나 의심이 되는 윤리규범 위반 사항을 즉시 알리지 않는 경우

③ 윤리규범 위반 가능성이 있는 사안에 대한 정도경영그룹 조사에 협조하지 않는 경우

④ 윤리경영 문제와 관련하여 신고한 다른 직원에게 보복 행위를 하는 경우

이차전지소재로
세계시장에 우뚝 서다

포스코케미칼은 2020년 매출 1조 5천 662억 원, 영업이익 603억 원의 경영성과를 이루었다. 이차전지소재의 매출과 영업이익은 지속적으로 늘어나 2021년 2/4분기 매출 4,800억 원, 영업이익 356억 원을 기록했다. 이는 사상 최대 분기 경영실적이다.

전기차 시장이 성장하려면 '더 멀리, 더 빨리, 더 오래' 가는 전기차를 만들어야 하는데, 배터리 기술도 그만큼 진보해야 한다. 전기차가 급속히 늘고 있는 미국과 유럽은 땅이 넓어 배터리 성능에 소비자들이 더 민감하게 반응할 수밖에 없다. 배터리 기술을 좌우하는 핵심소재는 크게 네 가지인데, 양극재, 음극재, 분리막, 전해액이다. 그중 양극재가 가장 중요한 소재로 꼽힌다. 양극재는 이차전지에서 에너지를 저장·방출하는 역할을 한다. 배터리의 성능뿐 아니라 안전성도 양극재의 영향을 받는다. 양극재 시장은 전기차 시장과 함께 성장할 수밖에 없다. 시장조사기관 SNE리서치에 따르면 "글로벌 양극재 시장은 2021년 61만 톤에서 2025년 275만 톤으로 성장할 전망"이다.

포스코그룹은 차세대 배터리소재를 개발하기 위해 이차전지소재연구센터를 개설했다. 현재 포스코케미칼은 양극재와 음극재를 생산하고 있는데, 앞으로 차세대 이차전지로 조명받는 전고체전지의 소재도 개발할 것이다. 전고체전지는 전지의 양극과 음극 사이에 있는 액체인

포스코케미칼 이차전지소재연구센터

전해액을 고체로 대체한 차세대 배터리인데, 에너지 밀도가 높아 전기차의 주행 거리를 획기적으로 늘리고 충전 시간을 줄여준다.

포스코그룹은 신소재연구소 설립, 이차전지용 핵심소재 고성능화 지원, 이차전지 안전테스트 기반 구축 등을 중심축으로 하는 '차세대 배터리 파크'도 조성할 것이다.

이에 따라 포항시는 이차전지의 '소재양극재·음극재→배터리→리사이클'로 이어지는 배터리산업 생태계를 갖추게 되므로 명실상부한 배터리산업의 선도도시로 자리매김할 것이다.

배터리산업은 대규모 장치산업 중 매년 40% 이상의 성장세를 보이는 유일한 분야로 현재 '제2의 반도체산업'으로 불리고 있는데, 머지 않아 반도체를 능가할 산업으로 평가받고 있다.

포스코는 이차전지소재의 핵심원료인 리튬·니켈·흑연 등을 조달 및 가공하는 사업도 하고 있다. 최근 글로벌 염수 리튬 컨설팅업체인 몽고메리는 포스코가 보유한 아르헨티나 리튬 염호_{소금호수}에 대한 최종 매장량을 평가한 결과 "포스코가 2018년 3천억 원에 인수한 리튬 염호의 당시 추정 리튬 매장량은 220만 톤이었는데, 얼마 전에 1,350만 톤으로 파악되었다"고 발표했다. 1,350만 톤은 전기차 약 3억 7,000만 대를 만들 수 있는 매장량이다.

포스코는 고용량 배터리 양극재의 필수 원료인 고순도 니켈 생산도 추진한다. 그동안 축적한 쇳물 생산과 불순물 제거 기술을 바탕으로 친환경 고순도 니켈 제련 공정 개발에 대한 투자를 확대할 것이다.

또 음극재의 원료인 흑연의 수급을 다변화하기 위해 아프리카·호주 등의 흑연광산을 확보해, 중국산 원료 의존도를 100%에서 중장기적으로 50% 이하로 낮출 것이다. 이러한 계획 하에 포스코는 2030년까지 리튬 22만 톤, 니켈 10만 톤을 생산할 것이고, 포스코케미칼은 양극재 40만 톤과 음극재 26만 톤을 생산할 것이다.

배터리 리사이클링 산업은 전기차 보급이 확대됨에 따라 급격히 성장할 산업이다. 이 분야는 아직 시장형성 단계인데, 앞으로 중앙부처와 지자체, 자동차업계가 협력해 배터리 리사이클링 산업을 적극적으로 육성할 것이다. 포스코는 폐배터리에서 니켈과 리튬, 코발트 등을 추출하는 배터리 리사이클링 사업도 할 것이다.

'제2의 반도체산업'으로 불리는 전기차 배터리산업에서는 소재 및 원료 확보 여부가 최후의 승자를 좌우할 것이다. 포스코는 이차전지 소재인 양극재·음극재를 비롯해 핵심원료인 리튬·니켈·흑연을 모두 수직계열화하는 세계 유일의 회사다.

최정우 회장은 다음과 같이 말했다.

"우리는 전 세계에서 유일하게 리튬·니켈·흑연 등 이차전지원료부터 양극재와 음극재 등 이차전지소재까지 일괄공급체제를 갖추고 있습니다. 차별화된 경쟁우위에 기반해 이차전지소재사업을 세계 최고 수준으로 육성하는 데 모든 역량을 집중할 것입니다."

기업시민, 지역사회를 위한 사회공헌활동을 실천하다

기업의 사회적 참여가 중요해지면서 얼마 전부터 '기업시민'이 요구되고 있다. 기업시민은 기업에 시민이라는 인격을 부여한 개념으로, 기업은 시민과 마찬가지로 사회발전을 위해 공존·공생의 역할과 책임을 다하는 주체가 되어야 한다는 것을 의미한다. 포스코케미칼의 임직원은 기업시민을 모든 의사결정의 기준으로 삼았다. 업무와 일상생활에서, 배려와 나눔을 기반으로 더 나은 사회를 만들기

민경준 사장이 지역 취약계층을 위한 '생명의 빵' 나눔 행사에 참여하고 있다.

위해 자발적으로 사회공헌활동을 하고 있다.

이데일리에 따르면 포스코케미칼은 2021년 5월 13일 "코로나19로 야외 활동에 제한받는 지역아동센터 아이를 위해 휴게공간과 친환경 먹거리 지원 사업을 진행했다. 이는 지역사회를 위한 포스코그룹의 경영이념인 '기업시민'을 실천하기 위한 '체인지 마이 타운Change My Town' 프로그램 가운데 하나다. 체인지 마이 타운은 직원들이 지역사회를 위한 활동을 직접 제안하고 심사를 거쳐 선정된 사업을 운영·실행하는 참여형 나눔 사업이다."

포스코케미칼은 사회적 책임을 다하는 초일류기업으로 성장하기 위해, 모기업인 포스코, 포스코케미칼의 생산시설이 있는 포항시와 광양시 등과 손잡고 더 나은 사회를 만들고 있다.

포스코케미칼은 지역 청년의 취업을 지원하고 자립을 돕기 위해 지난해부터 상생형 축로 기능인을 양성하는 교육을 하고 있다. 또 이주 여성과 장애인의 자활을 위해 설립한 사회적 기업에 커피를 지원하고, 저소득층에 식료품을 지원하는 등 사회공헌활동을 펼치고 있다.

포스코케미칼 기업시민사무국은 우리 사회에서 소외된 이웃들이 어려움을 극복하고 자립의 발판을 마련할 수 있도록 계층별 맞춤형 지원을 실시하고 있다. 앞으로도 포스코케미칼은 기업시민으로서 지역사회와 더불어 성장하기 위해 사회공헌활동을 확대해 나갈 것이다.

인문학으로 무쇠처럼 단단한 인재를 양성하다

포스코케미칼이 추구하는 인재상은 '실천의식과 배려의 마인드를 갖춘 창의적 인재'이다. 포스코케미칼은 창의적 인재를 키우기 위해 오래전부터 독서경영을 채택하고 있다.

나는 포스코와 15년 전부터 첫 인연을 이어가게 되었다. 전경련 IMI 과정에서 당시 포스코 계열사였던 포스콘의 대표이사를 역임한 최병조 대표를 만났다. 그는 전경련 IMI에서 '다이애나 홍의 독서경영'이라는 강의를 듣고 포스콘에서 진행하고 있는 독서활동이 바로 '독서경영'이구나 생각하며 무릎을 쳤다고 했다.

이후 본격적으로 포스콘에서 독서경영 강의를 체계적으로 해달라고 요청해 왔다. 그 후 몇 년간 포스콘에 독서경영을 전파했고, 포스콘은 더욱더 성장했다. 어느 해에 포스콘과 포스데이타가 합병하면서 지금의 포스코 ICT가 탄생하게 되었다.

포스코 ICT에서는 'CEO와 함께하는 독서경영'이 매월 1회 실시되었는데, 아침 일과를 시작하기 전에 임직원들을 대상으로 독서강의를 했는데, 강의에만 그치지 않고 독서토론으로 이어졌다. 책을 읽고 얻은 아이디어를 함께 나누고, 독서를 통해 함께 성장하는 시간들이었다.

나는 15년간 강의 현장에서 몸담으면서 눈빛과 표정이 살아 있고, 대화와 웃음이 많은 기업은 반드시 성장한다는 것을 깨달을 수 있었다. 포스코 패밀리는 눈빛과 표정이 살아 있고. 대화와 웃음이 많다.

포스코그룹 본사를 거쳐 포스코그룹 계열사들에서 독서경영 전임 강사로 활동하며 10년 넘게 그들과 소통하다 보니, 어느새 나도 포스코 패밀리가 되어 있었다.

포스코 패밀리는 의리의 전사들이다. 포스코 임직원들은 한결같이 가족애가 깊다. 의리에 살고 의리로 가족애를 나눈다. 그들의 의리는 철만큼이나 강하고 단단하다.

포스코 관계자들을 만나서 인터뷰하고, 관련 자료를 검색하면서 결론은 포스코케미칼이었다. 포스코 계열사 중 어느 하나도 비전 없는 기업은 없지만 앞으로 지속적으로 성장하면서 초일류기업으로 도약할 기업이 포스코케미칼이라고 결론이 나자, 포스코케미칼에 대한 애착은 더 깊어졌다.

민경준 사장을 직접 만나 인터뷰하면서도 느꼈지만, 포스코케미칼은 초일류기업이 될 수밖에 없다고 확신할 수 있었다. 경쟁사들보다 비교우위를 선점해 나가고 있으며, 철의 뚝심을 바탕으로 포기하지 않고 이차전지소재 분야에서 초일류기업으로 성장할 것이다. 포항제철에서 시작한 포스코가 오늘날 초일류 철강기업으로 성장한 것처럼 말이다.

03

◆◆◆

네패스,
시스템 반도체 분야의
슈퍼스타

네패스 이병구 회장

네패스인들은 고유인사인 '슈퍼스타'를 외치며 인사 나눈다.

슈퍼스타 네패스, 영원히 지속성장하는 기업을 꿈꾸다

"슈퍼스타, 네패스!"

"슈퍼스타, 다이애나 홍!"

네패스와 나눈 첫인사였다.

갑자기 기분이 좋아졌다. 마치 내가 슈퍼스타가 된 기분이다. 말은 씨가 되고 싹이 나고 꽃이 피고 마침내 열매를 맺는다고 했다. 첫인사로 건넨 '슈퍼스타'로 싹이 나고 꽃이 피고 결실을 맺기를 응원해 본다.

인터뷰를 위해 회사를 방문하기 전에 많은 공부를 하고 만남을 가졌다. 코로나로 대면면접이 어려운 가운데 소중한 시간을 내준 네패스와의 귀한 대화를 놓치지 않기 위해 네패스 홈페이지와 각종 언론보도를 통해 네패스에 대해 공부하였다.

네패스Nepes의 어원은 '영원한 생명'을 뜻하는 히브리어 '네페쉬'다. 생명을 소중히 하듯 영원히 지속성장하는 기업을 만들겠다는 의미다. 2009년 256가지 색상을 표현할 수 있는 컬러유리 리그마Rigmah: 히브리어로 '세상을 아름답게 수놓다'는 뜻를 개발했다. 리그마는 적외선·자외선 차단과 반사·비반사, 친수·발수 등 다양한 기능이 있는 것이 강점이다.

네패스의 창업자 이병구 회장은 독실한 크리스천이다. 다른 기업과 마찬가지로 이 회장 역시 사업 초기에는 '네패스'에 업태를 붙이는 방식으로 작명을 했다. 네패스 디스플레이, 네패스 신소재 등으로 계열사의 이름을 지었다. 하지만 얼마 전부터 계열사의 업태 대신 추구하고자 하는 목표를 담아낸 단어로 계열사의 이름을 짓고 있다.

기업집단의 규모가 커지면서 2019년에 시스템 반도체 테스트 선두기업 네패스 아크를 물적분할분리 또는 신설된 회사의 주식을 모회사가 전부 소유하는 기업분할 방식했다.

네패스 아크의 '아크'는 '노아의 방주Noah's ark'에서 따왔다. 대홍수에 대비해 견고한 방주를 건설한 노아처럼 모든 테스트에서 완벽함을 기하겠다는 의지를 표명한 회사명이다. 실제로 네패스 아크는 시스템 반도체 테스트 분야에서 폭넓고 정확한 테스트로 강력한 경쟁력을 갖추고 있다.

2020년에 물적분할한 네패스 라웨의 회사명 역시 뜻 깊은 의미를 담고 있다. '라웨'는 '단단히 매일 결속'이라는 뜻의 히브리어다. 반도체 패키징 선도기업 네패스 라웨는 2017년 세계 최초로 FO-PLP팬아웃-패널레벨패키지 공정을 적용한 제품 양산에 성공했다. FO-PLP는 복잡한 시스템 반도체의 단자를 바깥으로 빼내어 웨이퍼 단위면적당 밀도를 높이는 혁신 공정이다. FO-PLP는 파운드리 글로벌 1위 TSMC의 FO-WLP팬아웃-웨이퍼패키지에 맞설 기술로 평가된다. 패키징 과정에서 입출력I/O 단자의 결속력을 강화해 세계 최고를 목표로 한다.

PLP는 패키지용 인쇄회로기판PCB을 사용하지 않는 패키징 기술로 PCB 없이 웨이퍼 상태에서 패키지 공정과 테스트를 거쳐 칩으로 제작된 후 완제품에 적용한다. 기존 WLP웨이퍼레벨패키지 공정은 원형 기판에서 네모난 칩을 잘라내 둥근 모서리 부분은 쓸 수 없지만, PLP는 사각형 기판으로 작업해 수율 개선이 가능하다.

PLP 기술은 전력관리반도체PMIC, 무선주파수RF 칩부터 모바일용 애플리케이션 프로세서AP 등 제품에 적용 가능하다. WLP 기술을 적용했을 때보다 소형화에 유리하고 반도체 입출력 단자 수를 늘려 성능을 높일 수 있다. 생산 비용도 WLP 공정 대비 20% 이상 절감된다.

최근 이 회장은 또 다른 자회사 네패스 디스플레이의 이름을 '네패스 야하드'로 바꾸었다. 초기부터 함께한 애증의 디스플레이 사업을 중단하고 2차전지 부품 사업을 시작했다. '야하드 yahad'는 히브리어로 '함께, 모두'라는 의미다. '반도체뿐만 아니라 2차전지도 모두 잘하는 기업, 구성원과 함께 가는 네패스 야하드'를 만들기 위해 '야하드'라는 이름을 붙인 것이다.

네패스라는 회사명에 '영원한 생명'이라는 뜻이 담겨 있듯이, 네패스는 영원히 지속성장하는 기업이다. 세계 최고의 기술력을 바탕으로 초일류기업으로 성장하고 있다.

영원한 생명 네패스가 초일류기업이 될 거라는 확신을 나는 네패스의 사장단 강의현장에서 더욱 가질 수 있었다. 그들은 경직되고 권위적인 여느 사장들의 모습이 아니라 눈빛들이 살아 있고, 표정이 밝고 웃음이 많았다. 강의 피드백은 말할 것도 없고, 소통의 문화가 잘 정착되어 있었다. 사장단부터 이러니 회사가 잘될 수밖에.

시스템 반도체,
미래사업을 연결하는 초연결 기술

한국 반도체 산업은 메모리 반도체에 치중돼 있다. 한국이 진정한 반도체 강국이 되기 위해서는 비메모리 반도체까지 아우르는 반도체 생태계를 갖춰야 한다. 네패스가 개발한 최첨단 패키징 기술이 반도체 생태계에서 핵심적 역할을 할 수 있을 것이다.

초일류기업으로 힘차게 도약하고 있는 네패스는 어떤 회사일까? 미래사업을 연결하는 초연결 기술인 시스템 반도체 분야에서 세계 최고 기술력을 가진 회사다.

네패스의 전신은 1990년 세워진 (주)크린크리에티브다. 창업자 이병구 회장은 금성반도체에서 퇴사한 뒤 당시 거의 전량을 수입하고 있던 반도체 소재를 직접 생산하기 위해 회사를 세웠다. 회사 설립 초기의 주력 사업은 전자재료였다. 반도체와 디스플레이용 현상액, 감광액을 상용화하며 성장의 발판을 마련했다.

1996년 연구소를 세웠고, 1999년 주식을 코스닥시장에 등록했다. 2001년 반도체 사업부를 세워 반도체 패키징 작업의 일부인 범핑 Bumping 사업에 진출했다.

2003년 회사 이름을 지금의 (주)네패스로 바꿨다. 2008년 계열사인 (주)네패스 LED를 세웠다.

2016년 12월 웨이퍼 레벨 패키징WLP, Wafer Level Packaging 서비스 상품이 산업통상자원부로부터 '차세대 세계일류상품'으로 선정되었다. WLP는 반도체 패키지 사업의 일종으로, 웨이퍼 상태 그대로 전기신호를 연결한 다음 패키징하고 잘라내는 기술 방식이다.

2017년 9월 미국 뉴로모픽 설계 업체와의 기술제휴로 뉴로모픽 인공지능AI 칩 'NM500'과 소프트웨어 '뉴로실드NeuroShield'를 출시하며 인공지능 반도체 시장에 진출했다. '뉴로모픽 칩'은 신경계의 기본 단위인 뉴런neuron 처럼 신호를 주고받아 스스로 학습한다고 해서 붙여진 이름이다.

2019년 4월 반도체 테스트사업 부문을 물적분할하여 신설법인으로 (주)네패스 아크를 설립했고, 10월에는 미국 데카테크놀로지의 반도체 첨단 팬 아웃Fan out 패키지 기술을 확보하였다. 2019년 12월 필리핀법인 네패스 하임을 설립한 후, 2020년 2월에는 FO-PLP팬아웃-패널레벨패키지 사업부문을 물적분할하여 (주)네패스 라웨를 설립했다.

네패스의 사업 분야는 4차산업혁명 관련산업인 반도체와 전자재료, 2차전지 사업이다. 반도체 사업 분야에서는 디스플레이 구동 칩DDI, Display Driver IC이라고 불리는 반도체 칩의 범핑Bumping을 주력으로 하며, 뉴로모픽 인공지능 반도체 'NM500'을 생산한다. 반도체는 완성된 다음 바로 사용하는 것이 아니라 플라스틱 등으로 포장해 사용한다. 이를 패키징이라고 하는데, 패키징을 할 때 크기를 최소화하고 반도체의 전기적 특성을 유지할 수 있도록 하는 기술이 범핑이다. DDI는 액정표시장치LCD처럼 화면이 있는 기계에서 메모리 반도체가 기억한 내용을 TV 화면에 나타나도록 중간에서 화소를 조절해 주는 반도체 칩이다.

전자재료 사업 분야에서는 반도체와 LCD 등을 만들 때 필요한 화학제품인 현상액Developer, 세정제, 연마제 등을 만든다. 주요 거래처는 삼성전자, 동부하이텍이다.

2차전지 사업 분야에서는 2차전지용 리드 탭Lead tab과 증강현실AR 글라스에 쓰일 수 있는 기능성 필름을 제조한다.

네패스의 계열사로는 국내 소재의 (주)네패스 아크, (주)네패스 라

네패스 청안 캠퍼스

웨, (주)네패스 엘이디, (주)네패스 야하드 등의 자회사와 미국, 중국, 러시아, 필리핀 등지에 소재한 해외법인이 있다. 국내외에서 사세를 점점 확장하고 있는 것이다.

또 최근에는 삼성전자 종합기술원 사장을 지낸 정칠희 고문이 네패스그룹의 회장으로 이동해 반도체 사업을 총괄하고 있다. 정칠희 회장은 한국의 반도체 신화를 만든 주역으로 네패스를 글로벌기업으로 성장시키는 데 큰 역할을 할 것이다.

『석세스 애티듀드』

석세스 애티듀드, 글로벌 기업문화 1위 초일류로 이끌다

              네패스를 처음 알게 된 것은 이병구 회장의 책을 통해서다. 수년 전 우연히 서점에 독서소풍을 갔다가 『경영은 관계다』와 『석세스 애티듀드』 두 권의 책과 만나게 되었다. 자서전과 경영서적을 좋아하는 나에게는 신선한 충격을 준 책이었다.

  좋은 책과 만나는 것은 큰 축복이다. 책을 읽고 있는데 가슴이 벅차오르는 것을 느낄 수 있었다. 어떻게 살아야 하는지, 무엇을 어떻게 하며 살아가야 하는지를 고민하면 늘 혼란스럽다. 그럴 때 역시 책만큼 좋은 것은 없다. 『석세스 애티튜드』는 그 어떤 철학책보다 쉽고, 깊고, 유익한 책이었다. 나는 왜 태어났는지, 어떻게 살아야 하는지, 무엇을 어떻게 해야 하는지 등 우리의 고민을 풀어주는 따뜻한 책이었다.

구성원 한 사람 한 사람을 존중하는 관계의 경영철학으로 네패스를 이끌고 있는 이병구 회장은 다음과 같이 말한다.

"기업을 성장시키는 가장 본질적인 힘은 '사람과 사람 사이의 관계'입니다. 이것은 실제 비즈니스 현장에서 증명되었습니다. 그 관계의 힘을 활용한 네패스의 경영은 25년 전 홀로 창업해 현재 직원 2,000명의 글로벌 중견기업으로 일궈낸 에너지의 진정한 원천이 되었습니다. 나는 이 에너지의 원천을 '그래티튜드Gratitude'라고 부릅니다. 그것은 고갈되지 않는 성장 에너지이며 세월이 흘러도 결코 퇴색되지 않는 지속성장의 배경이 되어줍니다."

좋은 말은 누구나 할 수 있지만 아무나 실천할 수 있는 것은 아니다. 진정성이 느껴지는 이 말 때문에 네패스의 현재보다 미래가 더 기대된다. 이병구 회장은 지속성장을 위해서는 다음의 7가지 솔루션을 고려해야 한다고 말한다.

〈지속성장을 가능케 하는 7가지 솔루션〉

1. 혁신과 창조를 완성시키는 '목적의 힘'이 있는가?
2. 직원의 '꿈'과 회사의 '미션'이 일치하는가?

3. 직원들이 일을 잘할 수 있는 '품성'을 갖추었는가?

4. 협업할 수 있는 '기업문화'가 존재하는가?

5. 기업문화가 '동사動詞화'되어 있는가?

6. '가치사슬'이 균형을 유지하고 있는가?

7. 지금 직원들에게 무엇이 '인풋input'되고 있는가?

성과는 능력과 태도의 결과물이다. 좋은 성과를 만들려면 전문성도 갖춰야 하고 삶을 대하는 태도도 좋아야 한다. 성과는 좋은 품성에서 비롯되기 때문이다.

『섹세스 애티듀드』에는 기업경영뿐만 아니라 인생을 위해 필요한 덕담들로 가득 차 있다.

사람의 마음은 '생각Thinking-말Word-일Work'을 통해 움직인다. '생각'은 4차원 경영의 핵심 출발점이다. 개인의 삶이든 혹은 회사 경영이든 '무엇을 어떻게 생각하느냐'에 따라 성공의 향배가 결정된다.

'말'은 우리를 둘러싼 환경을 바꾸는 강력한 힘이 있다. 말은 그 자체로 마음과 생각을 바꾸는 수단이어서 직장에서도 매우 중요하다. 회사 내에서 명령어나 상대를 무시하는 폭력적이고 일방적인 말이 많아지면, 직원들은 신나게 일할 수 없다.

네패스는 사내에서 가장 많이 쓰는 10가지 말을 선정해 긍정의 말로 바꿔나가고 있다. 예를 들어 "일단 시키는 대로 해!"라는 말 대신에 "이렇게 하면 어떨까요?"를 사용하고, "뭐가 문젠데?"라는 말 대신에 "어려운 점이 무엇인지 이야기해 주세요"라는 말을 쓴다. 회사에서 오가는 말들을 보면, 곧 그 회사가 어떤 회사인지를 알 수 있다. 말을 어떻게 다루느냐에 따라 개인적으로는 '인품'이 결정되고, 조직 차원에서는 '기업문화와 성과'가 결정된다.

이병구 네패스 회장은 1946년생 '개띠 경영인'이다. 금성전자LG전자 전신 반도체사업부에 입사한 1978년부터 지금까지 40년 이상 반도체산업에 몸담고 있다. 대학에서는 영어영문학을 전공했지만 1990년 사표를 내고 회사를 떠나기 직전까지 반도체사업부 생산기술 센터장으로 일했을 만큼 12년간 회사를 다니며 기술 전문성을 키웠다. 이 회장은 '사람이 있어야 기업이 있다'는 생각으로 기업을 경영하고 있다

나누고, 책 읽고, 노래하고, 감사하는 337라이프

초일류기업이라면 제품, 기술, 인재, 문화 등을 잘 갖추어야 한다. 과거에는 제품으로 경쟁하고, 기술로 경쟁하는 시대였다면 이제는 기업문화가 강력한 경쟁력이 되었다.

네패스는 글로벌 기업문화 1위라고 할 만큼 아름다운 기업문화가 정착되어 있다. 바로 337라이프다. 하루에 3가지 이상 좋은 일을 하고, 하루 30분 이상 책을 읽으며, 하루 3곡 이상 노래하며, 하루 7가지 감사를 실행하는 것이다.

네패스인들은 매일 아침 노래로 하루를 시작한다.

좋은 시작이 좋은 하루를 만든다. 네패스에 첫 강의를 갔을 때, 강의를 시작하면서 노래를 불렀다. 노래로 마음의 문을 열자 분위기가 한껏 유연해졌다. 강사로서 참으로 좋은 시작이었다. 하루를 시작하기 전에 노래를 하는 것은 출근 전에 기분 나빴던 일들을 노래를 부르면서 떨치고 마음의 힐링을 하는 것이다.

네패스인들은 매주 독서토론을 통해 지식과 정보를 교환한다.

"우리 회사는 아침마다 사업장 대회의실, 강당 등에 모여 40분간 합창을 하면서 감정을 정리하고 하루 일과를 시작합니다. 직원들로부터 신청곡을 받아 SES의 '달리기' 같은 대중가요부터 팝송, 오페라 주제가 등 다양한 노래를 부릅니다. 자체 앱응용프로그램 '마법노트'를 개발해 직원들이 하루 7개의 감사노트를 쓰는 데 활용하고 있습니다. 책

네패스인들은 매주 독서토론을 통해 지식과 정보를 교환한다.

한 권을 정해 임직원이 함께 읽고 독후감을 올리기도 합니다."

337라이프는 어떻게 기업성과로 이어졌을까?

"좋은 인재를 영입하고 이직률을 낮추는 데 효과가 있었습니다. 이런 기업문화를 본격적으로 도입하기 시작한 건 2013년부터입니다. 본사가 충북 청주에 있고 기업 간 거래B2B 기업이라 이전까지는 입사 지원자들에게 잘 알려지지 않은 회사였습니다. 그런데 기업문화로 주목받으면서 국내 유수 대학 졸업생들의 관심이 커지고 지원율이 올라갔습니다. 이직률도 낮아졌어요. 전사에서 마법노트 사용률이 가장 높은 곳이 디스플레이사업부 장비팀인데요. 2조 2교대로 작업하는 열악한 상황에서도 마법노트가 직원들로 하여금 똘똘 뭉쳐 일하게 하는

네패스인들은 더불어 사는 공동체를 위해 나눔행사에 앞장선다.

결과를 가져왔습니다. 그 덕분에 이 팀의 2013년 이후 이직률은 0%
입니다."

네패스는
인생학교

네패스를 한마디로 표현하자면 '인
생학교'라고 할 수 있다. 나는 왜 태어났는지? 어떻게 살아야 하는지? 삶
의 철학을 스스로 느끼게 하고, 좋은 삶을 가꾸려면 어떻게 해야 하는지
를 알려주는 참 좋은 인생학교다. 회사에 출근해서 일하며 동료들과 가

족애를 나누고, 함께 꿈을 키우는 네패스인들의 삶은 한마디로 철학하는 삶이다. 그것은 경영철학과 기업문화에 너무나 잘 녹아 있다.

나는 누구인가를 알려주는 소크라테스의 책을 읽지 않아도, 인생을 어떻게 살 것인가를 알려주는 톨스토이의 책을 읽지 않아도, 네패스에서 일하면서 인생의 지혜를 배울 수 있다.

이나모리 가즈오는 "일을 한다는 것은 인격을 수양하는 것"이라고 했다. 글로벌 기업 세일즈포스닷컴은 'V2MOM'이라는 독특한 문화가 있다. 자신이 달성하고 싶은 것의 비전이 무엇인지를 스스로에게 물어보다가 이를 측정할 수 있는 공식을 만들어냈다. 이른바 V2MOM으로, 비전Vision과 가치Values, 방법Methods, 장애물Obstacles, 척도Mewsures를 의미한다. 비전은 '당신이 원하는 것은 무엇인가', 가치는 '자신에게 중요한 것은 무엇인가', 방법은 '당신은 어떻게 달성할 것인가', 장애물은 '당신의 성공을 방해하는 것은 무엇인가', 그리고 척도는 '당신이 성공했는지 어떻게 아는가'이다.

이를 위해서는 네 가지 핵심 원칙이 필요하다.

〈4가지 원칙〉

첫째, 모든 것은 우선순위에 따라 순위를 매겨야 한다.

둘째, 모든 말은 중요하다.

셋째, 계획은 쉽게 기억되어야 한다.

넷째, 그것은 쉽게 이해되어야 한다.

'일을 잘하는 사람'은 어떤 사람일까? 야마구치 슈와 구스노키 겐의 『일을 잘한다는 것』에 의하면 이런 사람이 일을 잘하는 사람이다.

- 상황을 정확하게 이해하고 큰 그림을 그릴 줄 아는 사람
- 빠른 판단력과 주저하지 않는 실행력을 갖춘 사람
- 난관을 만나도 두려워하지 않고 단단한 확신을 가지고 문제를 해결하는 사람
- 그러나 실패할 경우에는 솔직하게 자신의 과오를 인정하고 시정할 줄 아는 사람

일을 잘하기 위해 필요한 능력은 이외에도 많겠지만 그 모든 능력의 전제조건은 단 하나, 바로 '감각sense'이다. "저 사람은 참 일하는 센스가 좋다"고 말할 때의 바로 그 감각 말이다.

네패스의 337기업문화와 경영철학은 일 잘하는 사람들에게 필요한 '감각'을 키워준다. 네패스인들은 일을 하면서 자신이 달성하고 싶은 비전이 무엇인지 스스로에게 물어보고, 무엇을 어떻게 살아야 하는지를 깨달으며 목적이 이끄는 삶을 배운다.

기업이 성장하고 초일류기업으로 도약하기 위해서는 반드시 부가가치와 이익을 만들어내야 한다. 이를 위해서는 최고의 경쟁력을 가져야 하는데, 최고의 경쟁력을 기르기 위해서는 끊임없이 혁신해야 한다. 혁신하지 않고 변화하지 못한 기업은 낙오되거나 도태되기 때문이다.

경영 혁신의 가장 큰 장애 요인은 변하지 않는 자기 자신이다. 자기 자신을 변화시키기 위해서는 자신만의 '감각'을 키우는 훈련이 필요하

하나되어　　나누고　　노래하고　　책 읽는　　슈퍼스타!

네패스의 구호

다. 그 훈련을 네패스인들은 337라이프를 통해 하고 있다. 337라이프는 몸과 마음으로 체화되어 생활습관으로 이어지고 있다. 이는 곧 지혜와 통찰력, 선견지명을 키워준다. 삶의 뿌리가 튼튼한 인생은 세찬 바람에도 쉽게 무너지지 않는다. 이제 초일류기업으로 첫걸음을 내딛는 네패스가 무한 성장하길 응원해 본다.

04

◆◆◆

셀트리온,
아무도 가본 적 없는
길을 걷는다

셀트리온 서정진 명예회장

온몸으로 부딪치며
불가능한 꿈을 이루다

초일류의 길은 멀고도 험한 가시밭 길이다. 오랜 인고의 세월 끝에 꽃길을 걷게 되더라도 또다시 가시밭길이 기다리고 있다. 가시밭길에서 넘어지더라도 다시 일어서려는 불굴의 의지가 초일류기업으로 가는 길마다 필요하다는 것을 셀트리온은 잘 알고 있다. 오늘날의 셀트리온이 있기까지 오랜 기간 인내의 성장통을 겪었기 때문이다.

셀트리온의 창업자 서정진 명예회장의 삶은 뜨겁고도 차가운 깊은 상처로 얼룩져 있었다. 그의 삶의 드라마는 손에 땀을 쥐게 하고, 눈시울을 붉히게 하며, 가슴이 벅차오르게 한다. 아무도 가본 적 없는 새로운 길을 개척해 가는 그의 인생은 온몸으로 부딪쳐 깨지고 부서지는 거친 파도처럼, 견딜 수 없는 고통을 딛고 우뚝 일어섰다.

서정진, 그는 말한다. 3번의 자살시도를 하니, 길이 보이더라고……

그는 온몸으로 부딪치고 정신적 고통을 이겨낸 끝에 불가능한 꿈을 이루었다. 실패와 좌절이 거듭되어 자살을 3번이나 생각할 정도였지만 그는 힘든 삶의 무게를 딛고 마침내 초일류라는 꿈의 성과를 이루었다. 불가능한 꿈을 이루어낸 쾌거는 젊은 기업가들에게 큰 울림과 귀감이 되리라.

"이룰 수 없는 꿈을 꾸고,

이루어질 수 없는 사랑을 하고,

이길 수 없는 적과 싸움을 하고,

견딜 수 없는 고통을 견디며,

잡을 수 없는 저 하늘의 별을 잡자."

　－'불가능한 꿈The Impssible Dream', 뮤지컬 '맨 오브 라만차Man of La

Mancha' 중에서

셀트리온그룹은 2020년 창사 이후 처음으로 영업이익 1조 원을 넘어섰다. 2020년 연말에는 사상 최고의 실적을 바탕으로 주가도 급등했다. 2020년 12월 30일 종가 기준 셀트리온그룹 3사셀트리온+셀트리온헬스케어+셀트리온제약의 시가총액은 82조 원에 육박했다. 현재는 연초보다 주가가 하락했지만 미래에셋 등 증권사들은 셀트리온 주식의 목표가를 40만 원으로 잡고 있다. 앞으로도 매출액과 영업이익이 꾸준히 우상향할 것으로 기대하기 때문이다.

셀트리온 직원들의 평균연령은 31.8세임원 제외로 젊은이들의 뜨거운 열정과 신념, 패기를 바탕으로 세계무대에 우뚝 섰다.

그렇다면 셀트리온의 성공신화는 어디서부터 시작되었고, 어떻게 키워갔으며, 어떤 철학과 경영노하우가 숨어 있었기에 초일류기업으로 성장할 수 있었을까?

셀트리온이라는 회사의 이름에는 '하늘의 길잡이'라는 뜻이 담겨

셀트리온 1공장과 셀트리온 2공장

있다. '셀트리온'은 모든 생명의 기본단위인 세포를 뜻하는 '셀Cell'과 길잡이 별로 이용되어 온 북두칠성을 뜻하는 '트리온스Trions'의 합성어다. 캄캄한 밤에도 여행자들이 길을 잃지 않도록 방향을 알려주는 북두칠성처럼 국내 바이오산업의 길을 밝혀주는 기업이 되자는 깊은 뜻이 담겨 있다.

이러한 뜻으로 창업한 서정진 명예회장은 바이오산업의 불모지였던 국내에서 글로벌바이오기업을 꿈꾸며 2000년 셀트리온의 전신인 넥솔을 창업했다. 2002년 셀트리온을 설립하고 미국 벡스젠으로부터 투자를 받아내 송도에 바이오의약품 공장을 설립했다. 그는 우여곡절 끝에 공기업인 한국담배인삼공사로부터 200억 원의 투자를 이끌어내기도 했는데, 자본금 5천만 원으로 출발해 코스닥 시가총액 1위를 달성한 데에는 어떤 비결이 있을까?

서정진과 의리파 5인이
함께했기에 가능했다

　　　　　　　　　　　　미국의 실리콘밸리에 8인의 창업가
가 있었다면, 중국의 마윈이 7명으로 창업을 했다면, 셀트리온은 서정진
명예회장과 5인의 의리파가 손을 잡고 출발했다. 셀트리온의 전신인 넥솔
이라는 벤처기업을 함께 시작한 의리파 5인은 창업 당시부터 지금까지 피
를 나눈 형제처럼 끈끈한 사업 파트너.

　그들은 창업 이후 20년 동안 승진이나 보수, 지분, 스톡옵션 등 회
사의 처우 문제와 관련해 크게 의를 상한 적이 없다. 돈보다 중요한 신
뢰를 바탕으로 그들의 동지애는 깊어만 갔다. 창업멤버와 20년 이상
함께할 수 있다는 것만으로도 초일류기업이 될 수밖에.

　바이오기업의 창업가들은 대개 바이오 분야 종사자인 반면에 서정
진 명예회장은 전혀 다른 분야에서 일했다. 그는 1983년 삼성전기에
입사해 직장생활을 시작했다. 이후 한국생산성본부로 자리를 옮겨 대
우자동차를 컨설팅하다 김우중 전 대우그룹 회장의 눈에 띄어 대우자
동차 기획재무 고문을 맡았다. 1992년 만 35세 때였으니 이른 나이에
재능을 인정받은 것이다.

　그러나 서 명예회장은 꽃길을 그리 오래 걷지 못했다. IMF 외환위
기로 대우그룹이 부도났고, 대우자동차는 1998년 워크아웃을 신청해
잘나가던 대기업 임원이었던 그는 하루아침에 백수로 전락했다.

같은 신세가 된 대우자동차 기획실 직원 10여 명과 함께 2000년 벤처기업 넥솔을 창업했다. 사업 아이템이나 비즈니스 모델이 없었고 사람들만 있었다. 매일 회의를 했지만 주요 안건은 점심메뉴선정이었다.

2017년 2월 27일, 서 명예회장은 창립 15주년 행사에서 이렇게 말했다.

"지금 사장단 내 9명의 사장 중 6명이 창업 때부터 시작해 사장이 됐고, 공채 1기는 지금 우리 회사의 중간 간부가 됐습니다. 지난 15년간 셀트리온을 이끌면서 이들과 함께하며 우리나라 젊은이들에게 얼마나 큰 잠재력이 있는지를 경험할 수 있었습니다. 특히 가장 중요한 것은 한국인의 특성상 '지는 걸 되게 싫어한다'는 점 때문에 셀트리온 연구진을 비롯한 임직원들은 밤낮없이 열정과 도전정신을 가지고 자신의 업무에 매진했고, 그 결과 지금의 성과로 이어진 것 같습니다."

초일류기업의 필수요건은 '인재투자에 아끼지 않는 것'이다. 직원들이 회사에 바라는 것은 돈이 전부가 아니다. 서정진 회장은 '내가 최고의 회사에 다니고 있다'는 자긍심을 갖게 해야 초일류기업이 될 수 있다고 생각한다. 그는 "회사에 대한 프라이드를 느끼게 해주는 한 가지 지표가 연봉일 뿐"이라고 말한다.

셀트리온의 스톡옵션 제도는 비상식적일 정도로 파격적이다. 스톡옵션으로 163억 원을 수령한 박성도 셀트리온 고문을 비롯하여, 셀트리온헬스케어 김 모 차장78억 원, 이 모 과장44억 원, 최 모 차장24억 원, 현 모 차장24억 원도 스톡옵션으로 수십억 원을 벌었다.

셀트리온 서정진 명예회장

셀트리온은 스톡옵션을 개인의 동기유발은 물론 전체의 연대감을 형성하는 용도로 활용하고 있는데, 지금까지는 대체로 '스톡옵션→사명감 강화→사업 성장→주가 상승'의 수순을 밟고 있다.

스톡옵션과 관련해 서 명예회장은 『셀트리오니즘』에서 다음과 같이 밝히고 있다.

"스톡옵션은 임원과 직원 간 위화감을 없애고 사기를 높여주려고 도입한 겁니다. 임원들만 높은 연봉을 받는다면 직원들이 일하면서 어떤 생각이 들까요? '내가 저들을 잘살게 하려고 뼈 빠지게 일하네' 하는 자괴감이 들 겁니다. 우리 회사 직원들은 절대 그렇게 만들고 싶지 않습니다."

사마천이 『사기』에서 "돈이 나보다 열 배 부자면 빈정대고, 백 배 부자면 그를 두려워하고, 천 배 부자면 그에게 고용당하며, 만 배 부자면 그의 노예가 된다"고 했듯이, 돈의 힘은 강하다. 삼성의 인센티브 제도 역시 돈의 위력을 보여준다. 성과를 내는 임직원들에게는 돈으로 보상하고, 퇴직으로 유도할 때는 불평이 없도록 섭섭지 않게 돈으로 보상해 주는 것 역시 자연스레 사람의 마음을 얻는 법이다.

블라인드 앱을 통해
직원들의 속마음을 헤아린다

서정진 명예회장은 직장인 애플리케이션앱인 '블라인드'를 매일 꼼꼼히 살핀다. 그는 "우리 직원들은 블라인드에서 회사 욕도 하곤 하지만, 그래도 거기에서 내가 생각하지 못했던 지혜를 배울 수 있다"며 블라인드를 매일 확인하는 이유를 밝혔다.

'블라인드'에서 셀트리온 직원들이 어떤 이야기를 하기에 그가 관심을 가지는 것일까? 서정진 명예회장은 블라인드 앱을 통해 식당 칭찬부터 높은 업무강도에 대한 불만까지 직원들의 속마음을 읽으며 소통하고 있다.

"구내식당 밥 때문에 셀트리온 들어가고 싶다!"
"다른 건 모르겠고 셀트리온 구내식당에 뼈를 묻고 싶습니다!"

셀트리온은 아시아 최초로 미국 FDA의 승인을 받은
cGMP 생산설비 및 시스템을 갖추고 있다.

블라인드 앱에서는 셀트리온 구내식당 밥이 맛있어서 이직하고 싶다는 얘기가 종종 나온다. 셀트리온 구내식당은 셀트리온 직원들의 자부심이다. 셀트리온은 아침, 점심, 저녁 세 끼를 직원들에게 무료로 제공하고 있다. 무료임에도 메뉴 구성이 다양하다. 평일에는 한식과 양식 두 종류로 식단이 구성된다. 직원들이 골라 먹으면 된다. 맛도 훌륭해 직원들의 만족도가 높다.

뉴스투데이에 따르면, 셀트리온은 직원들의 식사를 위해 삼계탕, 리조또, 브리또 등 꾸준한 메뉴 개발과 더불어 다양한 메뉴를 제공한다.

하지만 회사에 불만을 느끼는 직원들도 있다. 블라인드 앱에서는 "여기가 헬트리온", "너무 힘들다"고 푸념하는 직원도 있다. 셀트리온의 업무 강도가 너무 높다고 푸념하는 것이다. 셀트리온은 2002년 창립한 이래 바이오시밀러^{바이오복제약} 시장에서 10여 년 만에 초일류가 되었는데, 그만큼 치열하고 격렬하게 도전해 왔다. 셀트리온은 지금도 도전을 멈추지 않고 있으니 직원들은 회사 생활이 결코 만만치 않을 것이다.

도전을 멈추지 않는 셀트리온은 스피드 경영을 추구하고 있다. 셀트리온은 인간을 행복하게 하고, 사람의 생명을 구하는 기업이다. 아픈 사람이 아프지 않도록 시간을 벌어주는 의약품을 경쟁사보다 빨리 내놓아야 한다. 선발주자는 그만큼 시장 선점 효과를 누릴 수 있다. 셀트리온은 아시아 최초로 미국 FDA cGMP 승인을 받은 생산시설을 가진 덕분에 제품의 개발부터 생산까지 걸리는 시간을 대폭 단축할 수 있었다.

아무도 바이오시밀러를 개발하지 않았던 2006년부터 연구개발에 돌입했고, 오리지널 바이오의약품의 특허가 만료되자마자 일등으로 시장에 뛰어들었다. 덕분에 셀트리온은 후발주자와 격차를 크게 벌릴 수 있었다.

서정진 명예회장은 직원들과 일하면서도 '빨리빨리'를 외친다. 궁금한 점이 있으면 임원뿐만 아니라 실무자에게도 전화해서 세세한 부분까지 물어본다. 업무 속도를 올리려면 상황을 빨리 파악해야 하기 때문이다. 셀트리온의 계열사 사장들은 오전과 오후, 하루에 두 번씩 서 명예회장의 전화를 받는다. 그가 출장 중이거나 바쁠 때면 비서실에서 대신 전화를 한다. 이처럼 수시로 상황을 점검하고 대처하는 것이 서 명예회장의 습관이자 강점이다.

바이오업계의
삼성전자가 되겠다

『셀트리오니즘』에는 '서정진의 5단계 빅 픽처'가 소개되어 있다.

1단계: 생산공장 선정
2단계: 연구개발기술력 확보
3단계: 의약품 유통회사 설립
4단계: 글로벌 판매 네트워크 구축
5단계: 종합신약개발회사로 도약

이러한 빅 픽처를 실현하기 위해서는 무엇보다 인재가 필요하다. 서정진 명예회장이 생각하는 천재는 '열정을 가지고 자기분야에서 최고가 되는 사람'이다. 그는 "혼자서만 똑똑한 인재는 재앙"이라고 말한다. 자기분야에서 최고가 되는 데 그치지 않고 함께 협업해야 더 크게 성장할 수 있다고 생각하는 것이다.

천재 직원은 천재 기업가가 있어야 탄생한다. 직원의 자질을 인정해주는 리더의 탁월함이 직원들의 능력을 배가시킨다.

"우리 특허팀 직원들은 천재예요. 탄창을 갈아 끼우듯이 데이터가 나오면 바로 꽂아 넣을 수 있게 세팅해 두고 있습니다. 곧장 특허를 신청할 수 있게요. 제가 이렇게 하라고 시킨 게 아닙니다. 아는 겁니다.

문짝 빨리 다는 놈이 지적재산권을 갖는 데 방심하면 지니까요. 그래서 우리 특허팀은 연구소와 계속 의사소통하면서 개발 진행 상황을 살핍니다. 지금까지 모든 특허를 이런 식으로 신청했어요. 다른 제약사들은 우리처럼 하는 데가 없어요. 해외 제약사들은 연구팀이 자료를 갖다 주면 그때부터 특허 신청 서류를 만들어요. 그게 한 달이 걸립니다. 우리가 보름 전부터 만들고 있던 건데 말이죠. 미국, 유럽 사람들은 이런 생각을 못 합니다. 보고서 나온 지 30분 만에 특허 신청할 수 있는 회사가 전 세계에 어디 있겠습니까?"

서정진 명예회장은 "잘되면 직원의 덕, 잘못되면 경영자의 탓"이라고 말한다. 그는 새로운 일을 할 때 직원들에게 반드시 세 번 물어본다.

"정말 하고 싶은가? 최선을 다할 자신이 있나? 실패하더라도 할 것인가?"

이 질문에 모두 "그렇다"고 답하면 가능성이 없어 보여도 뒤도 안 돌아보고 하라고 한다. 그리고 결과가 안 좋더라도 직원을 탓하지 않는다.

우리는 매순간 수많은 점을 찍으면서 살아간다. 그리고 나중에 뒤를 돌아본 뒤에야 비로소 그 점들이 선으로 이어진 것을 깨닫게 된다. "지금 우리는 이 점이 어떻게든 선으로 이어져 미래에 도달하게 될 것이라고 믿어야 한다"는 애플의 창업자 스티브 잡스의 말처럼, 셀트리온은 창업부터 현재까지 일에 대한 자신감과 열정으로 숱한 점들을 찍으면서 성장할 수 있었다. '서정진의 5단계 빅 픽처'가 완성되면 셀트리온은 바이오업계의 삼성전자로 성장할 것이다.

5-5-5 조직문화,
업무방식, 경영원칙

평소에 서정진 명예회장은 "누구나 노력하면 성공할 수 있다는 것을 보여주겠다. 샐러리맨의 롤모델이 되어야 한다"는 소신을 밝혀왔다. 그는 "나의 가장 큰 취미는 해외출장"이라고 공공연하게 밝힐 만큼 일 자체를 즐기는 스타일이다.

오늘날에 이르기까지 실패를 거듭했지만, 그는 "관 뚜껑이 닫히기 전까지 실패란 없다"고 말하며 숱한 어려움을 모두 이겨냈다. 그는 '페이퍼논문에 답이 없다면 필드현장에 반드시 답이 있다'는 경영스타일을 고수하고 있다.

2남 2녀 가운데 장남인 그는 어린 시절 고등학교 진학을 포기해야 할지 고민할 정도로 가난했다. 학비를 벌기 위해 연탄 배달과 장사를 했다. 가난을 딛고 성공한 기업가가 된 그는 자신이 기업을 경영하는 이유를 다음과 같이 밝혔다.

"첫 번째는 실패하지 않기 위해서입니다. 그러기 위해 죽기 살기로 일했습니다. 왜냐하면 기업하다 실패하면 패가망신하기 때문입니다.

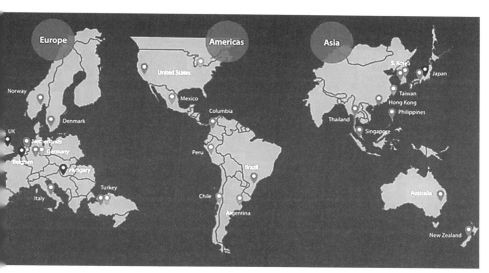

세계 90여 개국에 구축된 셀트리온의 직판 유통망

두 번째는 돈을 벌기 위해서입니다. 돈을 왜 버느냐? 쓰기 위해서입니다. 그 다음에는 조국과 민족을 위해 '애국자 놀이'를 하고 싶었습니다. 그러다 보면 조국이 나를 힘들게 할 때도 있습니다. 그러면 눈을 돌려서 상생을 생각합니다. 어려운 사람들을 돕는 게 바로 사업하는 목적이라고 여겨왔습니다. 마지막으로 다음 세대한테 부끄럽지 않은 삶을 살아가기 위해서입니다."

셀트리온은 '서정진의 5단계 빅 픽처'를 목표로 성장하고 있는데, 이 목표를 이루기 위해 조직문화와 업무방식, 경영원칙에서 5-5-5 원칙을 지키고 있다.

〈셀트리온 조직문화 5〉

가볍고 빠르게 단순하게 한다.

슈퍼프로액티브하게 한다.

될지 안 될지 재지 않는다.

믿고 기다린다.

월드클래스 금지로 일한다.

〈셀트리온 업무방식 5〉

목표는 원대하게 공표하고 현실화한다.

타임라인을 바꿀 수 없다.

문제는 그날 해결한다.

답은 현장에서 찾는다.

정면돌파한다.

〈셀트리온 경영원칙 5〉

비상식적일 만큼 보상한다.

기준은 스스로 정한다.

본질에 집중한다.

사람을 우선한다.

결정을 미루지 않는다.

화이자에 도전하는 출사표,
'셀트리온 비전 2030'

셀트리온그룹은 지속성장을 위해 인재양성에 공을 들이고 있다. 임직원의 성장과 역량 향상을 중요하게 여기며 교육·훈련비를 별도로 책정해 직무교육, 교양특강, 신규입사자 입문교육, 직급·직책별 리더십 과정, 외국어 교육, 각종 워크숍 및 국내외 세미나 참석 등 다양한 교육을 온라인과 오프라인으로 제공하고 있다.

임직원의 독서 증진과 지식 함양을 위해 사내에 도서관을 운영하고 있다. 경제 및 경영, 인문, 과학/IT 등 다양한 분야의 도서들을 구비해 두고 있으며, 임직원이 자유롭게 책을 대여하고 읽을 수 있는 공간을 제공하고 있다. 또한 임직원이 읽고 싶은 도서를 신청할 수 있으며, 베스트셀러 도서도 매달 구매해 비치하고 있다.

초일류기업들의 공통점인 독서경영은 셀트리온에도 잘 정착되어 있다. 책을 통해 사고력과 창의력을 단단하게 하지 않으면 어찌 초일류기업으로 성장할 수 있겠는가?

셀트리온이 설립될 당시 불모지였던 국내 바이오산업을 글로벌 수준으로 발전시킬 수 있었던 데에는 임직원 개개인이 창의적이고 열정이 넘치는 기업문화가 있었다. 경영진의 지시 때문이 아니라 임직원 각자의 마음에서 스스로 열정을 품었다.

셀트리온 임직원들은 회사의 미래가 국내시장이 아닌 세계시장에 있음을 잘 이해하고 있으며, 세계시장을 무대로 도전정신을 갖고 업무에 임하고 있다. 또한 책임감과 전문성을 토대로 회사가 나아가는 방향에 온 힘을 집중시킬 수 있는 강한 응집력도 갖추고 있는데, 이는 임직원들의 회사에 대한 만족도와 유대감이 크기 때문에 가능한 것이다.

셀트리온은 임직원 가족이 참여 가능한 다채로운 행사를 운영하고 있는데, 매년 어려운 이웃을 돕기 위해 진행하는 김장 행사를 비롯해 사내 콘서트, 스포츠 경기 관람 등의 행사에도 가족들이 참여하고 있다. 또한 셀트리온 게스트 하우스인 '영빈관'을 활용해 무료로 가족 행사를 진행할 수 있는데, 영빈관에서 회갑, 돌잔치 등을 하는 임직원들의 만족도는 매우 높다.

셀트리온은 2019년 5월 16일 인천광역시청에서 2030년까지 셀트리온그룹의 성장 로드맵을 담은 중장기 사업계획인 '셀트리온 비전 2030'을 발표하면서 "2000년 6명이 시작한 셀트리온이 매출 55조, 영업이익 16조 원의 화이자에 도전하려 합니다"라고 선언했다. 셀트리온은 매년 영업이익의 40%를 재투자하고 있는데, 서정진 명예회장이 직접 발표한 '셀트리온 비전 2030'에 따라 2030년까지 의약품 연구개발R&D 과 U-헬스케어 사업에 40조 원을 투자할 것이다. 이를 통해 바이오시밀러 20개와 신약 10개를 개발하고 원격진료와 같은 U-헬스케어 사업도 본격화할 것이다.

먼저 인천 송도에 거점을 둔 바이오의약품 사업에는 총 25조 원의 금액을 투자해 성장기반을 구축할 것이다. 면역항암제를 포함한 2세

26.9%

매출액 대비 R&D 투자비율 1위
국내 500대 기업 공개자료 기준

30.3%

국내 R&D 인력 비중 1위
상장 28개 제약사 기준

54%

경쟁력 있는 전문 인력
석·박사급 연구 인력

R&D 투자 현황 2020년 기준

대 바이오시밀러 20개 이상을 개발하고 신규 치료 기전을 도입한 신약을 10개 확보하는 데 16조 원을 투자하기로 했다.

다음으로 연간 바이오의약품 원료의약품 1,500배치100만 리터를 생산할 수 있는 설비를 확충하고, 연간 1억 바이알을 생산할 수 있는 완제의약품 생산 환경을 구축하는 등 세계 1위 규모의 생산능력을 확보하는 데 5조 원을 투자할 것이다. 글로벌 유통망 확충 및 스타트업 지원에도 4조 원을 투자할 계획이다.

특히, 글로벌 유통망을 넓히기 위해 2019년까지 유럽, 2020년까지 아시아, 남미 등 기타지역, 2021년까지 세계 최대 제약 시장인 미국과 캐나다에 직판 체계를 확립할 계획이다.

케미컬의약품 사업은 충북 오창에 위치한 셀트리온제약을 주축으로 펼칠 계획이다. 총 5조 원이 투입될 케미컬의약품 사업 부문에서는 의약품 수명 주기를 고려해 약 50여 개의 파이프라인을 운영하고 신약 제품도 개발할 것이다. 이 같은 연구개발에 4조 원을 투자하며, 생산설비도 연간 100억 정 규모로 확충하면서 별도로 1조 원을 투입할 계획이다.

또한 직간접적으로 약 11만 개의 일자리를 창출하고, 글로벌 헬스케어 유통망을 구축해 한국을 글로벌 바이오 및 케미컬 의약품 산업의 중심지로 성장시킬 계획이다. 이 과정에서 정부 부처 및 지자체와의 협력을 바탕으로 지역 기반의 산업 밸리를 조성할 것이다. 원부자재 국산화 및 오픈이노베이션 사업 등을 통해 바이오 생태계를 활성화하고 동반 성장 및 상생 협력을 도모하면서 업계 '앵커기업'의 역할을 적극 수행하며 대한민국을 대표하는 글로벌 초일류기업으로 거듭날 것이다.

성공은 주변을
행복하게 하는 것

초일류기업 셀트리온의 서정진 명예회장에게 성공이란 "나로 인해 내 주변을 행복하게 하는 것"이다. 얼마나 멋진 철학인가? 필자의 인생철학과도 너무나 똑같아서 실로 반가웠다. 행복은 멀리 있는 것이 아니다. 바로 내 안에 있고, 내 곁에 있고, 내 주변에서 시작된다. 내가 행복하고, 내 주변의 사람들이 나로 인해 행복해 한다면, 내 자신이 더욱더 행복해지는 선순환이 아름답게 이루어지는 것이다.

　가족, 친구, 직장동료, 나와 가까운 사람들을 행복하게 하면 그것이 바로 성공이다. "친구가 몇 명이냐?", "내가 어려울 때 달려올 수 있는 친구가 있는가?"라는 질문에 어렵지 않게 답할 수 있다면 성공한 인생이다. 서정진 명예회장은 주변 사람을 잘 챙기기로 유명하다. 사람 복도 많다는 평가를 받는다. 셀트리온은 인사이동이 심하기로 유명한 제약업계에서 직원을 절대 내치지 않는 기업문화를 만들었는데, 이는 사람을 중요하게 여기는 서정진 명예회장의 의지 때문이리라.

　바이오업계의 강자 삼성바이오로직스의 김태한 전 대표이사와도 서로 윈윈하는 아름다운 전략을 펼치던 모습을 지켜보면서 필자는 내심 놀랍기도 했다. 서로 어려울 때 힘이 되고, 조언을 아끼지 않은 모습을 보면서 초일류리더는 상생하는 인간관계를 가꾸어 간다는 것을 알게 되었다. 어찌 보면 강력한 경쟁자라고도 할 수 있는 두 기업의 수장이 물과 기름처럼 서로 견제하고 비난하지 않고 서로 협력하고 응원하는 것을 지켜보면서, 초일류기업은 과연 다르구나 싶었다.

　역시, 초일류기업은 다르다. 이 책을 집필하기 위해 셀트리온그룹에 연락했을 때 정말 친절히 대해 주었다. 외부인을 대하는 모습에서 따뜻함과 섬세함이 느껴졌기에 큰 감동을 받았다. 책을 집필하기 위해 인터뷰하면서 사람을 소중히 여기는 기업문화를 충분히 느낄 수 있었다.

"성공은 주변을 행복하게 하는 것"이라는 서정진 명예회장의 인생 철학이 기업문화로 이어졌는지, 인터뷰를 진행하고 감수를 받을 때까지 따뜻한 인간애를 그대로 느꼈다. 셀트리온이 더 많은 사람들을 행복하게 하고 초일류기업으로 무한 성장하길 응원한다.

◆◆◆

05

바인그룹,
'100년 달력'에
100년 성장을 새기는 교육기업

바인그룹 김영철 회장

회장실에서 책 읽고
아이디어를 떠올리는 직원들

생기 넘치는 회사와 동행하면 나 또한 성장하게 된다. 바인그룹 김영철 회장은 새우잠을 자더라도 고래꿈을 꾸었던 사람이다. 1995년 아주 작은 사무실에서 동화세상에듀코를 창립하며 교육 사업을 시작했는데, 2017년 알찬 열매를 맺는 포도나무 '바인그룹'으로 눈부시게 성장했다.

1995년 유아놀이교육 사업을 시작하면서 성장의 씨앗을 뿌린 동화세상에듀코는 1999년 파워잉글리스 교재를 출간하고, 2003년 ieduco.com현 e-상상코치의 전신을 설립하며 대한민국 대표 교육기업이 되었다. 교육 사업 외에도 2006년 고려진생을 출범하며 건강 사업에도 진출했으며, 2017년 외식사업부와 2018년 임대자산관리사업부 등을 출범했다. 포도송이처럼 알찬 열매들을 주렁주렁 맺은 바인그룹은 2021년 창립 26년을 맞았다.

10여 년 전 동화세상에듀코에서 독서경영 강의를 하면서 첫 인연을 맺었던 그때에도, 너무나 특별한 회사라는 것을 단번에 느낄 수 있었다. 강사인 내가 에너지를 주어야 하는데, 도리어 내가 구성원들에게 에너지를 받고 온 기억이 생생하다. 그로부터 10년이 지난 후 다시 동화세상에듀코를 방문했을 때는 초일류기업으로 성장하고 있었다.

무엇이 이 회사를 큰 성장으로 이끌었을까? 초일류기업으로 성장해

가는 바인그룹을 인터뷰하기 위해 회사를 방문했다. 바인그룹 사옥에 도착했을 때, 늘 그랬듯이 안내하는 직원이 친절하게 환대해 주었다. 발렛파킹도 해주고 음료를 선택할 수 있는 메뉴판도 건네주니 마치 특급호텔에 온 듯했다. 또 '다이애나 홍 님의 바인그룹 방문을 환영합니다'라는 현수막까지 걸어서 환영인사를 건네니, 인간에 대한 존중과 배려가 생활화되었음을 알 수 있다.

바인그룹은 초일류기업에 걸맞는 경영철학을 갖고 있다. 바인그룹에서 구성원은 성장의 존재이다. 구성원의 성장이 고객 성장으로 이어진다는 철학이 확고하다. 회사가 구성원을 성장시키고, 성장한 구성원들이 회사를 키우는 선순환 시스템을 만든 것이다.

김영철 회장은 말한다.

"우리 회사가 지금 여기까지 온 것은 온전히 우리 구성원들 덕분입니다. 구성원들이 없었다면, 오늘의 저도 회사도 있을 수 없었겠지요. 우리 구성원들은 모두 오너십을 갖춘 사장들입니다. 그들이 알아서 너무 잘해 주어 늘 고맙고 감사하기만 합니다. 그래서 늘 회사에 출근하면 구성원들의 성장에 대해 고민하고, 개선과 발전을 모색하기도 합니다."

몇 년 전에 『CEO의 독서경영』이라는 책을 쓰기 위해 김영철 회장을 인터뷰할 때에도 구성원에 대한 사랑이 깊다고 느꼈는데, 여전히 그는 구성원에 의한, 구성원을 위한, 구성원의 성장을 응원하고 있었다.

실제로 김영철 회장의 집무실은 여느 회장실과 달리 직원에게 개방

되어 있다. 그의 집무실에는 도서관처럼 책들이 많이 있고, 책상과 의자도 여러 개 있다. 직원들이 회장실에서 책을 읽거나 아이디어를 떠올릴 수 있도록 자리를 마련해 둔 것이다.

2021년 새해 출정식에서 바인그룹은 슬로건으로 '우리는 철저히 고객에게 몰입한다'를 선정했다. 고객만족을 향한 의지를 직관적으로 담아낸 슬로건인 것이다.

구성원들과 함께 '고객에 대한 몰입'과 '시스템 경영'을 실천하고 있다. 바인그룹은 '최고의 시스템과 매뉴얼을 통해 고객에게 몰입할 수 있는 환경을 구축할 것'을 목표로 지속성장하고 있다.

'100년 달력'에
100년 성장의 꿈을 새긴다

바인그룹에 방문했을 때 눈에 띈 것 중 하나는 '100년 달력'이었다. 이 달력은 바인그룹의 근간이 되는 코칭교육기업 동화세상에듀코가 설립된 1995년부터 시작해 100주년이 되는 2094년까지 이어진다. '달력처럼 100년 가는 그룹으로 키운다'는 확고한 의지를 담아낸 것이다.

바인그룹은 어떻게 100년 기업으로 성장할 것인가? 꿈을 이루기 위

우리는 100년 기업을 만들어 가고 있습니다

Vine group ✸ **(1995~2094)**

1995	1996	1997	1998	1999	2000	2001	2002	2003	2004
성공자는 남다르다	성공자는 남다르다	성공자는 남다르다	성공자는 남다르다	더 나은 방법은 있다	레고형 인간	Customer Focus	그대의 성공은 나의 성공	직원을 가족같이 고객을 직원같이	나다른 실력 두 배 성장

2005	2006	2007	2008	2009	2010	2011	2012	2013	2014
3K 개인지식 조직지식	튀기록 (나 기쁘게, 고객 기쁘게)	돈보다 일 일보다 사람	나누림	다르게	Happy Innovation	고객 맞춤 직원 맞춤	고객지향	같은 방향 같은 생각 같은 행동	Everyday Creative

2015	2016	2017	2018	2019	2020	2021	2022	2023	2024
행복한 표창으로 고객에게 감동을	스피스와 협력을 통해 크게 키우자	TRUST	DO 100 두백 개인 두배	DO 100 Everyday Project	2HABITS 작은 개선 꾸준한 개선	우리는 철저히 고객에게 몰입한다			

2025	2026	2027	2028	2029	2030	2031	2032	2033	2034

2035	2036	2037	2038	2039	2040	2041	2042	2043	2044

2045	2046	2047	2048	2049	2050	2051	2052	2053	2054

2055	2056	2057	2058	2059	2060	2061	2062	2063	2064

2065	2066	2067	2068	2069	2070	2071	2072	2073	2074

2075	2076	2077	2078	2079	2080	2081	2082	2083	2084

2085	2086	2087	2088	2089	2090	2091	2092	2093	2094

바인그룹 ✸ 100년달력

해서는 확고한 목표가 있어야 할 것이다. 바인그룹은 전 구성원이 코칭전문가가 되어, 3만 명의 선한 리더로 육성하고, 플랫폼 비즈니스 및 1,000개 코칭센터를 운영해 매출 1조 원의 글로벌 그룹으로 우뚝 서려 한다.

김영철 회장은 "많은 것을 담기 위해선 결국 그릇이 커야 한다는 생각에 교육기업에 머물지 않고 그룹으로 도약했다"며 "달력처럼 100년 가는 그룹으로 키우겠다"고 말했다.

바인그룹은 2017년 그룹사로 전환했다. 동화세상에듀코와 쏠루트 등 교육사업 이외에 IT/모바일플랫폼, 자산운용, 호텔, 여행, 무역, 외식업, 해외법인 등 여러 계열사를 보유한 그룹사가 되었다.

김 회장은 말한다.

"그룹으로 전환하는 데 특별한 계기가 있었던 건 아닙니다. 구성원 수가 2,000명을 넘어서던 10여 년 전부터 자연스럽게 그룹사 전환을 꿈꾸었습니다. 앞으로 계열사 수가 20개가 될 때까지 그룹 성장에 더욱 속도를 낼 것입니다."

세상에서 가장 어렵다는 사람을 상대하는 일로 성공을 일구었다. 물론 그 과정에서 좋은 일도 많았지만 힘든 시간, 위기의 순간도 많이 있었다. 바인그룹 구성원들은 위기를 기회로 삼는 도전정신으로, 신념과 원칙을 기본으로 한 도약의 기회를 발견했다.

100세 시대에 사는 우리도 100년 인생달력을 만들어 보면 어떨까?

읽으면 성장하고 쓰면 이루어진다고 했다. 자신의 각오와 신념을 늘 눈에 보이는 곳에 시각화하면 시간이 갈수록 성장할 것이다.

영업이익의 20%를
인재양성에 투자하다

바인그룹의 인쟁양성프로그램은 다양하다. 10년 전, 바인그룹의 모체인 동화세상에듀코에서 처음 독서경영 초청 특강을 했다. 구성원들이 워낙 많으니 몇 차례로 나누어서 강의를 했다. 강사는 청강생들의 눈빛에서 에너지를 얻는데, 강의하는 내내 구성원들의 초롱초롱한 눈빛을 볼 수 있었다. 시종일관 밝게 웃으며, 함께 책 이야기를 나누었다. 마지막 강의를 마치니 생각지도 못한 이벤트가 있었다. 강연 감사패와 꽃다발을 건네는 것이 아닌가. 역시 잘되는 기업은 사람의 마음을 사로잡을 줄 안다.

바인그룹 인재양성의 중심에는 바인아카데미가 있다. 바인아카데미는 독서경영을 비롯해 자기성장을 위한 회사주도, 부서주도, 자기주도 프로그램 등을 다양하게 운영하고 있는데, 우리 사회에 선한 영향력을 끼치는 선한 리더를 다양한 교육을 통해 양성하고 있다.

• 1천 명의 사내외 강사 육성

바인그룹은 인재양성을 위해 바인아카데미를 운영하고 있다.

- 3만 명의 선한 리더 양성
- 성인교육시장 진출
- 인재양성원 교육재단 비전
- 협력사 및 타 기업체 교육지원사업 확대
- 라이선스교육 MOU를 통한 비즈니스 모델 개발

바인그룹은 핵심가치인 '인재양성'을 위해 바인아카데미를 운영하고 있는데, 교수와 강사를 꿈꾸는 모든 코치들을 위해 바인아카데미 페스티벌도 매년 진행한다.

사회공헌활동으로는 청소년 자기성장리더십프로그램인 '위캔두'WE CAN DO를 진행하고 있다. 위캔두는 초5~고2를 대상으로 코칭 프로그

위캔두 프로그램

램을 진행하여 청소년들이 사회성을 키우고 잠재력을 발굴할 수 있도록 진행하는 프로그램이다. 전국에서 1,300여 명이 이 프로그램을 수료해 위캔두 프렌즈가 되었다. 사회공헌활동인 이 프로그램은 강사비, 참가비, 교재비 등 기타 관련비용을 바인그룹이 무상지원한다.

- 잠재력 발견 프로그램
- 자신감 향상
- 시간관리 방법
- 의사소통 방법
- 리더 양성 프로그램

무한한 잠재력을 지닌 청소년의 변화와 성장을 돕는 리더십 프로그램인 위캔두는 세계적인 동기부여가 브라이언 트레이시Brian Tracy의 성취심리세미나Maximum Achievement와 바인그룹이 자체 개발한 교육 프로그램인 '액션 스피치 리더십 코스'와 '감사행복나눔' 등으로 구성되어 있으며, 참여식 학습 활동인 액션 러닝Action Learning으로 운영한다.

오늘날의 청소년들은 혼자서 스마트폰을 이용하는 경우가 많은데, 코로나19로 등교수업에 차질이 생기면서 친구들과 소통하는 것이 더더욱 어렵게 되었다. 혼자 있는 시간이 대부분인 아이들에게 위캔두 프로그램은 꼭 필요한 것이다. 훗날 아이들이 성인이 되어 사회생활을 하게 되면 위캔두 프로그램이 얼마나 도움이 되었는지를 절실히 깨달을 것이다.

또한 지역사회의 건강한 성장과 발전에 기여하기 위해 도움이 필요한 곳에 따뜻한 손길을 내미는 '해피투게더Happy Together' 봉사단도 운영하고 있다. '농촌마을 가꾸기' 봉사활동인 일사일촌 운동, 사랑의 쌀과 연탄 나누기, 김장 나눔 봉사활동, 소외계층에 대한 후원과 지원 등 기업의 사회적 책임을 다하고 있다.

2004년부터 매년 양구군에서 운영하는 사랑의 쌀 직거래장터와 봉사단의 김장 나눔 행사에 참여해 350여 가구에 쌀과 김치를 후원하고 있다. 코로나19 이후에는 '사랑의 온도' 모금에 참여하고 있으며, 동대문종합사회복지관과 연계해 지역사회 저소득 아동청소년들에게 문구용품과 생활용품을 지원했다. 김영철 회장은 출향인사들의 모임인 강원사랑회 등에서도 활발한 활동을 펼치고 있다. 2021년 7월 8일 바인

바인그룹은 '2021년 대한민국 CSR·ESG 경영대상' 시상식에서
CSR사회적책임 부문 사회적책임경영대상을 수상했다.

그룹은 '2021년 대한민국 CSR·ESG 경영대상' 시상식에서 CSR사회적 책임 부문 사회적책임경영대상을 수상했다.

바인그룹은
열매를 맺기 위한 포도나무

바인그룹의 '바인vine'은 단순한 포도나무가 아닌, 열매를 맺기 위한 근간이 되는 '포도나무'를 의미한다. 포도나무바인는 척박한 땅에서도 성장한다. 바인그룹 구성원 개개인과 조직은 포도송이처럼 열매를 맺어 세상에 선한 영향력을 미치고 있다. 바인그룹의 회사명에는 '인간의 역사에 신뢰를 주는 포도나무처럼 바인그룹만의 건강한 그룹문화를 통해 고객과 구성원에게 신뢰를 주는 기업으로 발전하겠다'는 기업이념이 담겨 있다.

바인그룹은 초일류기업으로 성장하기 위해 '자기 성장으로 사람의 가능성을 서로 높인다'는 확고한 비전을 갖고 있다. 또한 각 사업부별로 바인그룹 2021 슬로건인 '우리는 철저히 고객에게 몰입한다'에 맞춰, 성장 목표를 갖고 있다.

이러한 비전과 성장 목표를 갖고 있는 바인그룹은 코로나19 이후 그 진가를 발휘하고 있다. 코로나로 대면수업에 차질이 생기면서 학습격차가 벌어졌는데, 자기주도학습이 더더욱 필요해졌다. 바인그룹의 온라인 교육 프로그램인 '상상코칭 공부9도'와 'e상상코칭'은 학생들의 자기주도학습을 위한 프로그램이다.

'상상코칭 공부9도'는 '공부의 구도를 바꾸다'라는 슬로건을 내세운 새로운 코칭 프로그램이다. 1:1 온라인 맞춤 코칭으로 학생에게 맞는 학습플랜케어_{시간 관리·교과목 공부방법·비교과 관리}를 제공한다. 학생의 학습습관과 성향을 분석하고 맞춤형 커리큘럼을 만들어주는 방식이다.

또 다른 프로그램인 'e상상코칭'은 입시, 진로, 학습, 자기주도, 학습코칭, 부모 코칭의 6가지 영역을 매달 순차적으로 실시하는 '상상코칭'의 온라인 버전이다. 실시간 라이브 생방송으로 1:1 전문코칭을 진행하고, 어디에서나 노트북이나 태블릿으로 수업을 들을 수 있다. e상상

e상상코칭은 누적 회원 50만 명을 돌파했다.

코칭의 경우 작년에 비해 30% 정도 이용자가 늘었다.

코로나19는 학교뿐만 아니라 근무환경까지 바꾸어 놓았다. 바인그룹의 계열사 더세이브는 소상공인의 비즈니스를 위한 통합 솔루션 시스템을 제공하는 기업이다. 최근에는 재택근무를 모니터링할 수 있는 시스템인 '워크 스타일', 온라인을 기반으로 한 '경리 아웃소싱' 서비스를 선보이며 주목받았다.

앞으로도 바인그룹의 온라인 강화 전략은 계속될 전망이다. 코로나19 사태가 종식되더라도 팬데믹에 대한 두려움이 이어지면서 비대면 서비스의 수요가 클 것이기 때문이다.

그런데 앞에서 소개한 청소년 자기성장 리더십 프로그램 위캔두 등 다양한 코칭 프로그램들은 바인그룹 사내 벤처의 제안으로 탄생했다. 현재 바인그룹은 35개 정도의 사내 벤처를 운영하고 있는데, 100개까지 늘리는 것을 목표로 하는 '100 프로젝트'를 시작했다. 포도나무처럼 성장의 줄기를 더욱 늘려가고 있는 것이다.

바인그룹은 코칭교육기업 동화세상에듀코를 중심으로 코칭·교육, 소상공인을 위한 IT·모바일플랫폼 '더세이브', 무역 및 온라인쇼핑 'DAV International', 자산운용 'VINE르미에르', 일본해외법인 '(주)바인', 호텔, 외식, 여행 등 계열사를 보유한 글로벌기업이다.

앞으로 바인그룹의 포도나무는 더더욱 성장할 것이다. 넝쿨은 울창하게 숲을 이루고 알알이 튼실한 포도송이가 주렁주렁 열릴 것이다. 향기롭고 달콤한 와인이 그들을 기다린다.

흔들리지 않는 신념을 증명하기 위해 '역사관'을 설립하다

바인그룹에는 흔들리지 않는 신념과 헌신 그리고 가능성이 있다. 이를 잘 증명해 주는 곳이 바로 바인그룹 사옥에 있는 '역사관'이다. 바인그룹의 탄생의 뿌리부터 현재에 이르기까지의 여정이 담겨 있다.

1995년 아주 작은 사무실에서 미약하게 출발했지만 굳은 목표와 결심 그리고 가능성에 대한 긍정적 생각으로 오늘의 바인그룹으로 성

Vine Story

어느 나무이야기

온갖 척박한 환경에서 성장하는 나무입니다.
자연적인 상태로 있을 때는 아름답거나 멋있지 않습니다.
하지만 노력을 들이면 아름답고 멋있어지는 나무입니다.

가장 멀리 가지를 뻗고
그 가지는 서로 강하고 단단히 엉켜져 있고
가장 많은 열매를 맺는 나무.

인류와 가장 오랫동안 함께해온
또 다른 나무의 이야기가 시작 됩니다.

나의 이야기가 바인의 미래입니다.

바인 스토리

장했다. 이 역사관을 둘러보았더니 바인그룹이 걸어온 길에는 좋은 일
도 많았지만 힘든 시간, 위기의 순간도 많이 있었음을 알 수 있었다.

하지만 그들은 위기를 기회로 삼는 도전정신이 있었고, 신념과 원칙
을 바탕으로 지속성장하고 있다. 척박한 환경 속에서도 성장하는 포
도나무처럼, 1995년 비가 새는 사무실에서 시작된 바인그룹은 흔들리
지 않는 신념, 구성원과 고객을 위한 헌신 그리고 성장을 꿈꾸며 성공
신화를 이루었다. 바인그룹의 성공신화가 계속되어 새로운 역사가 탄
생하기를 기대해 본다.

◆◆◆

06

마이다스아이티,
자연주의 인본경영을 실천하는
한국의 구글

마이다스아이티 이형우 회장

한국의 구글,
마이다스아이티

건설공학분야 세계시장 1위 소프트웨어기업 마이다스아이티를 인터뷰하고 돌아와서 며칠 동안 먹먹했다. '한국의 구글'로 불린다는 말은 들었지만 실제 현장에서 기업문화를 접하니 참으로 놀라웠다. 창업자이자 CHOChief Human & Happiness Officer, 최고행복책임자 직책을 맡고 있는 이형우 회장과 인터뷰를 하면서 참으로 특별한 회사임을 확인할 수 있었다.

'아, 이렇게 사는 분도 있구나······.'

'아, 이런 회사도 있구나······.'

이형우 회장은 1년 365일 출근하는데, 그에게 일은 즐거움이고, 회사는 놀이터이다. 일을 즐기는 그는 수많은 논문을 탐독하고, 반복해서 연구하며, 끊임없이 공부한다. 특히 물리학, 분자생물학, 뇌신경과학 등의 책을 두루 섭렵했다. 나아가 '자인연구소'를 만들고 20여 년 동안 사람과 경영에 대한 연구를 바탕으로 개인과 사회를 계몽하는 '자연주의 인본사상'이라는 사상체계를 확립하고, 마이다스아이티의 기업경영에 접목하여 인본경영을 실천하고 있으며, 소프트웨어 기술을 활용하여 사람중심 경영솔루션까지 개발하여 기업들에 보급하고 있다.

이형우 회장은 2000년에 마흔 살의 나이로 창업했다. 포스코건설에 다니던 그는 벤처기업으로 독립하기로 하고 의기투합한 동료들과 함께 포항에서 비가 억수같이 내리는 날에 분당으로 올라왔다. 올라와서 첫 번째로 한 일은 사무실을 구한 것이고, 그 다음으로 서점에서 『경영이란 무엇인가』를 비롯해 많은 경영 관련 책을 보았는데 대부분 돈에 대한 이야기만 하고 있었다.

'경영은 결국 사람이 하는 것인데, 왜 돈에 대해서만 이야기할까?'

경영을 하려면 돈이 필요하지만, 돈으로만 경영을 해서는 안 될 것이다. 경영에서 돈보다 더 중요한 것은 신뢰이다. 그리고 신뢰를 만드는 것은 리더의 마음과 눈빛이다. 하지만 경영을 하다 보면 수시로 화가 난다. 그래서 이형우 회장은 리더에게 가장 필요한 덕목은 '참용기'라고 말한다. '참고 용서하고 기다리라'는 의미이다. 회사의 현재에 만족하지 못하더라도 미래에 꿈과 희망이 있으면 직원들은 함께한다. 이 회장은 '사람중심 경영'이 결국은 구성원과 기업을 성장시킬 것이라고 확신한다.

경영의 초점은 돈이 아니라 사람에 맞춰야 한다고 생각한 그는 사람에 대해 보다 합리적으로 이해하려고 인문학이나 철학이 아닌 생물학, 신경과학과 같은 자연과학을 연구하기 시작했다.

마이다스아이티 구내식당

마이다스아이티는
어떤 회사인가?

'건설공학분야 구조프로그램 세계
1위', '19년간 매출 60배 성장_{2019년 기준}', '입사 경쟁률 최고 1,000:1'은
마이다스아이티에 따라붙는 수식어들이다. 이 회사는 직원들에게 5성급
호텔식 식사를 제공하고, 근속 5년마다 4주 유급휴가를 보내주며, 월 1
회 임직원 가족에게도 호텔급 식사를 제공하고, 회사 내에 미용실, 수면
실 등을 마련해 직원의 행복을 돕고, 행복역량을 갖춘 인재를 육성하고
있다.

마이다스아이티는 대기업은 아니지만 직원 1인 평균연봉이 6천만 원 이상으로 대기업 못지않다. 그렇지만 이 회사는 소위 말하는 '스펙' 좋은 인재만 선발하지 않는다. '4무 경영무스펙, 무직급, 무상대평가, 무정년'을 실천하고 있다.

마이다스아이티의 소프트웨어는 세계 최고층 건물인 버즈 칼리파829m, 아랍에미리트, 세계 최장 사장교인 러스키아일랜드 대교3.1㎞, 러시아, 2008년 북경올림픽 메인스타디움 등 세계의 기념비적 건축물의 상당 수에 사용되었다. 또 마이다스아이티는 소프트웨어의 본고장인 미국, 영국을 비롯하여 일본, 중국, 러시아, 인도, 두바이, 필리핀 등 8개국에 현지법인 및 지사와 28개 해외대리점을 가지고 있으며, 세계 110여 개국에 수출하고 있다.

2015년부터는 경영 분야 소프트웨어를 국내 기업들에 보급하고 있으며, 특히 AI 역량검사와 채용솔루션과 인사솔루션으로 국내 기업경영과 HR혁신을 선도하고 있다. 젊은이들이 가장 입사하고 싶은 중소중견기업 1위2016년 3월 조선일보로 선정되었으며, 공채 기준 입사경쟁율은 평균 500:1~1,000:1 수준이다. 특히 자연주의 인본경영이라는 사람중심 경영철학으로 유명하다.

마이다스아이티는
어떻게 세계 1위가 되었을까?

마이다스아이티가 세계 1위 기업이 된 것은 경쟁사보다 소프트웨어의 솔루션과 품질이 뛰어났기 때문이다.

마이다스아이티는 포스코건설의 1호 사내 벤처로 2000년 9월 1일 출발했다. 당시만 해도 국내기업이 사용하는 건설용 소프트웨어의 대부분은 해외에서 수입되었다. 이를 국산화하기 위해 포스코건설이 팀을 만들었고, 그 팀의 리더가 이형우 현 마이다스아이티 회장이었다. 갖은 노력 끝에 국산화에 성공한 후 2000년 9월 포스코건설에서 나와 마이다스아이티를 설립했다. 소프트웨어 분야는 창의성이 중요하다 보니 대기업보다는 작은 기업이 더 유리할 것 같아 독립한 것이다.

처음에는 인하우스용 프로그램을 개발하기 시작했고, 실용성과 효율성이 높아서 상용화 사업을 시작하게 되었다. 그러나 상용화 사업을 시작해 보니 앞길이 막막했다. 건설공학 분야 소프트웨어 시장규모가 국내만 해도 최소 50억 원은 될 줄 알았는데 5억 원밖에 안 되는 것이었다. 당시 이 분야 세계 1위 미국 소프트웨어를 국내에 보급하는 D사의 매출은 5억 원 수준에 불과했다. 회사를 운영하려면 인건비와 경비를 포함해 직원 1인당 연간 7천만 원가량 필요한데, 시장규모가 작으니 직원 몇 명의 월급도 줄 수 없을 정도로 열악한 상황이었다.

마이다스아이티 이형우 회장

이형우 회장은 시장규모를 최소한 10배는 키워야겠다고 결심했다. 시장을 수없이 들여다보고 분석해 보니 구조분야 소프트웨어는 고급기술을 갖추고 경험이 많은 엔지니어들만 사용할 수 있는 것으로 인식되고 있었다. 기술자가 대한민국에 약 5만 명 있다면 실제로 이 소프트웨어를 사용하는 사람들은 500명도 안 되는 상황이었다. 고급기술자로 성장하고 싶어 하는 모든 엔지니어들에게 솔루션을 팔아야겠다고 결심했다.

제품 판매에 앞서 관련 분야의 최신 기술을 보급하는 일을 먼저 시작했다. 제품이 아니라 기술을 보급하려 하니 사람들이 관심을 갖기 시작했다. 마이다스아이티의 소프트웨어가 시장에 처음 나올 때는 미국과 유럽의 소프트웨어가 국내 시장을 장악하고 있었다. 처음에는 외국산 소프트웨어와 비교해 기능면에서 수준이 떨어졌다. 그러나 기술을 보급하고 지원하는 서비스는 최상이었다.

서비스에 감동한 기술자들이 가슴을 열고 마이다스아이티의 제품에 관심을 가지고 구입하기 시작했다. 여기에 사용자 편의성과 실용성을 극대화할 수 있는 기능을 넣고 가격도 저렴하게 했더니 세계 최고 기업들이 위기감을 느끼고 가격을 80%까지 할인했다.

이때 마이다스아이티는 어떻게 했을까? 그들을 따라서 가격을 낮추지 않았다. 대신 더욱더 고객가치를 높일 수 있는 개발지원, 기술지원, 교육지원에 집중했다. 이처럼 외국 소프트웨어 회사와 국내에서 치열하게 경쟁하면서 고객에게 인정받은 덕분에 마이다스아이티는 급속도로 성장하게 되었다. 마이다스아이티는 건축 분야, 토목 분야, 지반 분야 등 새로운 시장에 진입할 때마다 2년 내에 해당시장에서 1위를 했다. 제품보다 고객의 가치를 높일 수 있는 솔루션과 서비스에 집중한 것이 통한 것이다. 2015년에는 경영 분야에서 첫 번째 채용솔루션을 출시했는데 2년 만에 1위를 했다. 이어서 역량검사솔루션도 출시하고 2년 만에 1위를 했다. 어느 시장이든 진출하기만 하면 2년 내에 1위를 하는 기업이 된 것이다.

마이다스아이티는 건설 구조엔지니어링 소프트웨어 분야에서 2007년 처음으로 세계 1위를 차지한 이후 지금까지 세계 정상을 지키고 있다. 패키지 소프트웨어 분야에서는 최대 수출기업이기도 하다. 마이다스아이티가 세계 1위를 지키고 있는 제품은 건축·토목·지반 등 건설 분야 시뮬레이션 소프트웨어다. 이 소프트웨어는 대형 건축물과 교량, 터널 등을 건설할 때 지진, 강풍 등 자연재해로부터 얼마나 안전한지를 알려준다.

세계에서 가장 높은 건물과 세계에서 가장 긴 사장교가 모두 이 회사의 제품을 사용해 만들어졌다. 건설공학 시뮬레이션 소프트웨어 분야의 '마이다스 손'인 것이다. 매출의 절반가량47.5%을 해외에서 올리는 글로벌 강소기업이기도 하다.

자연주의 인본경영,
자연의 결대로 인재를 키우다

2000년 9월 1일 창립한 마이다스아이티는 2020년 20주년을 맞이했다. 지난 20년간 마이다스아이티는 건설 분야에서 기계 분야까지 공학 소프트웨어를 국내외에 보급하고 있으며, 현재는 채용과 인사를 비롯한 경영솔루션 분야까지 진출해 대한민국 소프트웨어 기업의 신화를 만들어가고 있다.

지난 20년간 마이다스아이티가 성장할 수 있었던 이유는 '사람이 답이다'는 경영철학이 있었기 때문이다. 사람을 육성하는 것이 경영의 목적이다. 인재들이 잘 성장하니 회사도 성장할 수밖에 없는 것이다.

마이다스아이티는 자연주의 인본경영을 기반으로 사람에 대한 정체성을 연구하고, 이를 회사의 경영철학과 핵심가치 그리고 HR체계와 제도에 적용해 왔다. 또한 경영솔루션의 기획과 개발의 핵심이론에도 자연주의 인본경영이 적용되어 사람중심 경영을 통해 성장하고 있다.

'자연주의 인본경영'은 다음과 같이 탄생하게 되었다. 2000년에 설립해 잘나가던 회사가 2004년이 되니 문제가 생겼다. 회사가 성장할수록 안 좋은 일이 많아졌다. 직원 업무량도 늘고 야근이 잦아졌다. 직원들의 얼굴 표정이 날로 어두워졌고 회사를 떠나는 사람들이 많아졌다. 이런 상황에서 이형우 회장은 리더로서 고민하기 시작했다. '사람을 이해해야 문제를 해결할 수 있는데, 엔지니어 출신인 내가 사람에 대한 이해가 부족했다'고 자성했다.

해답을 얻기 위해 그는 서점으로 달려갔다. 리더십이나 경제경영 서적을 읽었지만 해답은 아니었다. 다시 사람을 과학적으로 이해할 수 있는 서적을 찾았다. 사회생물학, 뇌신경과학, 분자생물학, 생화학, 복잡계과학, 우주론 등의 책을 섭렵했다. '사람을 어떻게 키울 수 있을까' 고민하던 그는 결국 '자연주의 인본경영'에서 그 답을 찾았다.

이형우 회장의 좌우명은 '축록자불견산 확금자불견인 逐鹿者不見山 攫金者不見人'이다. '사슴을 쫓는 자는 산을 보지 못하고, 돈을 노리는 자는 사람을 보지 못한다'는 뜻이다.

이형우 회장은 말한다.

"회사 설립 7년 만에 건설 분야 공학 소프트웨어 세계 1위 기업이 될 수 있었던 비결은 '사람'입니다. '사람이 답촘이다'라는 경영원칙을

|주| 마이다스아이티

우리가
가장
자신있는 것,
사람 키우기
입니다.

마이다스아이티의 경영의 목적은 '인재를 육성하는 것'이다.

중시합니다."

이 회장이 추구하는 경영은 '인간에 대한 합리적 이해를 바탕으로 행복한 인재를 키워 세상의 행복총량에 기여하는 경영'이다. 행복한 인재를 뽑아 그 인재가 잘 클 수 있도록 토양을 만들어주고, 거름과 바람과 적절한 해를 비춰주어 바람직한 삶을 살 수 있도록 돕는 것이 성공경영이라는 것이다.

"생명의 본질은 '결'이며 잘살고, 잘하고, 잘 크고 싶은 생물학적·신경과학적 진실을 가지고 있습니다. 사람은 정서·감정·이성이라는 판단을 통해 가치를 추구하고 역량과 능력을 드러냅니다. 리더는 긍정성을 유도하는 신뢰구축, 적극성을 발현하는 동기부여, 전략성을 극대화하는 전략코칭, 성실성을 이끌어내는 솔선수범을 통해 구성원들의 성공경험을 돕고 성장하도록 해야 합니다."

실제로 이 회장의 집무실과 회사로비에는 크고 작은 초록나무들과 꽃들의 향연이 펼쳐져 자연의 향기가 가득하다. 근무환경에서 청정한 자연의 향기가 물씬 묻어난다.

이 회장은 "개인과 기업이 성장하기 위해서는 '헌신→기회→성과 →인정→재미→더 큰 기회→더 큰 성과→더 큰 인정'으로 성공할 수 밖에 없는 선순환 과정을 만들어야 한다"고 조언했다. 그리고 "주어진 상황을 유리하게 만들면 '기회'가 되고 불리하게 만들면 '위기'가 되니, 매사에 긍정적인 자세가 중요하다"고 강조했다.

"성공이란 작은 성과들이 쌓여 형성되는 것이죠. 성공적인 인생이란 도전과 극복의 과정이 누적된 결과물입니다. 역경이 경력을 만들기 때문에 위기를 성장의 기회로 삼는 것이 중요합니다."

그는 성공을 위한 비법도 말해 주었다.

"긍정성기회, 적극성치열, 전략성치밀, 성실성실행을 가져야 하며, 꿈은 영원히 살 것처럼, 삶은 내일 죽을 것처럼, 오늘 당장부터 삶에 최선을 다한다면 반드시 성공할 수 있습니다."

기존 면접관보다 좋은 인재를 선별하는
마이다스인 인에어inAIR 면접

마이다스아이티가 개발한 AI 역량 검사 프로그램은 '인에어inAIR'다. 이제 면접도 사람이 아닌 AI가 하는 시대가 되었다. 사람 면접관은 어쩔 수 없이 주관적 견해가 개입될 수밖에 없는데, AI는 이를 철저히 배제하고 객관적으로 지원자를 판단할 수 있다. 마이다스아이티는 기회의 공평성, 과정의 투명성, 결과의 공정성이라는 가치를 통해 대한민국 기업의 채용 패러다임을 바꾸고 있다.

한 대기업 인사팀 관계자에 의하면 "AI 역량검사와 채용플랫폼을 쓰면 좋은 인재를 선발하는 것뿐만 아니라 기존 면접관을 섭외하고 면접장을 잡는 등의 과정에 소모되었던 비용을 5분의 1 수준으로 절감할 수 있다"고 한다.

마이다스아이티의 인에어inAIR AI 역량검사와 채용플랫폼을 도입한 기업은 1,200여 곳으로 늘었고, 기존의 인적성시험과 필기시험, 대면면접을 대체하고 있다. 비용절감도 되고 객관평가도 할 수 있는 장점이 있으니 기업들이 선호하고 있다.

AI 역량검사의 장점 중 하나는 지원자가 편안한 환경에서 응시할 수 있다는 것이다. 이로 인해 대면면접에서 심하게 긴장하는 사람에게도 유리할 수 있다. 답변하기 전에 충분히 생각할 시간을 주거나 다시 대답할 기회도 주어지기 때문이다.

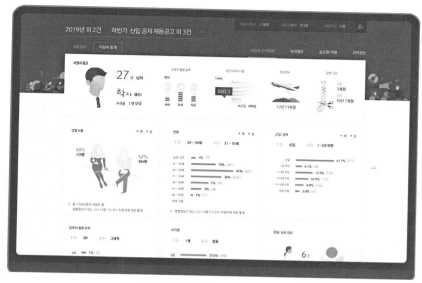

마이다스아이티 AI 채용플랫폼

2020년은 코로나19의 등장으로 새로운 변곡점이 된 해였다. 인류의 시간표를 BC Before Corona 와 AC After Corona 로 나누어야 한다는 우스갯소리가 나오기도 했으니 말이다. 자연스럽게 언택트를 기반으로 한 디지털 시대에 가속이 붙었고, 이는 우리 삶의 전반에 영향을 끼치게 되었다.

인에어 inAIR 가 가진 가장 큰 장점은 컴퓨터만 있으면 시간과 장소, 복장에 구애받지 않고 면접을 볼 수 있다는 것이다. 기업 입장에서는 기존에 채용 과정에서 필요했던 시간과 자원을 절약하기 때문에 더 많은 지원자에게 면접 기회를 줄 수 있다.

면접관에 따라 달라지는 압박면접이나 주관적인 판단도 배제할 수 있다. 기업들이 AI 채용플랫폼을 도입하고자 하는 가장 큰 이유도 이러한 '공정성' 때문이다.

인에어inAIR 면접과 역량검사는 다음과 같이 진행된다.

"안녕하세요, 만나서 반갑습니다."

면접은 컴퓨터에 얼굴과 목소리를 등록하며 시작된다. 화면 가운데에 얼굴이 위치하도록 노트북을 마주보고 테스트 문구를 읽으면, 화상 카메라와 마이크를 통해 얼굴 이미지와 목소리가 입력된다. 얼굴 이미지는 자신이 원하는 모습이 나올 때까지 몇 번이든 다시 촬영할 수 있다.

등록을 마치면 AI 면접관은 간단한 질문부터 시작한다. "자기소개를 해주세요", "업무에 대한 지원동기가 무엇인가요?", "자신의 장·단점이 무엇이라 생각하나요?" 등 사전조사 성격의 질문을 건넨다. 면접 지원자에게는 각 질문마다 생각할 시간 60초와 답변시간 90초가 주어진다.

AI를 기반으로 하는 인에어는 약 7억 개 이상의 얼굴 이미지 데이터와 1천만 개의 음성 데이터, 이미지와 음성 주인의 성향 데이터를 학습했으므로, 면접을 본 지원자의 데이터를 기존 데이터와 비교해 평가한다.

인에어는 지원자의 표정과 목소리를 통해 지원자의 역량을 판단한다. 인에어의 평가 결과는 인사담당자, 심리학자 등으로 구성된 면접 전문가 평가단 120여 명의 평가 결과와 82%가량 일치하는 것으로 나타났다.

AI 채용솔루션 시장에서는 마이다스아이티의 계열사 마이다스인의 AI 채용솔루션 '인에어'가 선발주자다. 2020년 12월 기준 마이다스인의 AI 역량 검사를 도입한 기업은 450개사에 달해 1년 만에 50%나 증가했다. '2021년 채용 트렌드 및 현황' 설문조사에서는 취준생의 82%가 'AI역량검사·면접을 경험했다'고 응답했다. 그만큼 AI 채용은 이미 대세로 자리 잡았으니 인에어가 더욱 확산될 전망이다.

마이다스아이티의 신념, 일과 삶, 기술자의 길에 대한 철학

2021년 7월 기준 구글의 시가총액은 1,000조 원 이상이다. 1998년 9월 27일, 스탠퍼드대학교 대학원생인 세르게이 브린과 래리 페이지는 세상을 바꾸기 위해 구글을 만들었는데, 이들은 한 명의 도우미를 고용해 당시 인텔 직원이었던 수전 보이치키의 차고에서 회사 업무를 본격적으로 시작하게 되었다. 이렇게 작은 회사였던 구글은 오늘날 세계 최대 IT기업이 되었다.

'한국의 구글'로 불리는 마이다스아이티는 자연주의 인본경영의 뿌리를 튼튼히 내리고 있어서 초일류기업으로 지속성장할 것이다.

끝으로 마이다스아이티의 신념, 일, 삶에 대한 철학을 엿볼 수 있는 글귀를 소개하겠다.

마이다스 신념

씨앗은 땅속에씨앗이 불과 하였다
그 씨앗이 땅에 아름드리 나무가 되었고
청춘은 울울 이루었다
이들은 푸른 산이 되오 큰 산맥으로
이어질 것이다

그 산에서 인세人世를 울창하지자 꽃피우고
풍성한 결실로 행복한 세상을 만들며
밤은 공기와 길고 넓은 그늘로
나름의 보금을 펼칠 것이다

보이는 삶을 울창하지한
보이지 않는 신념은
영원히 쌓아지지 않는 무한한 힘이다

마이다스아이든
향긋 같은 맑음으로 소중하게 여기고
신앙의 행복을 위한 참된 가치를
나침반으로 삼는다

이정우 시 천상호서

말이란

말은
자신과 세상을 위한 사랑의 실천이며
자신을 세상에 새기는 숭고한 반영이다

말은
자연의 이치에 순응하는
세상을 향한 순결한 의지이며
자연으로부터 받은 능력을
세상으로 환원하는 아름다운 책임이다

말은
수정이 아니라 선한 목소리고
오백이 아닌 진정한 자유이며
고통이 아니라 충만한 기쁨이다

말은
나눔의 씨앗
음을 일을 올바르게 하는 원칙으로
현세의 꿈을 민족의 현실로 만드는
넉넉함이 도본이다

말은
행복의 원천이고
보 남의 실현이며
나눔으로 완성된다

이정우 시 천상호서

삶이란

삶이란
세상을 통해 나를 배우고
나를 통해 세상을 이해하며
그럼에서 나와 세상이 하나가 되어가는 여정旅程이다

삶이란
나를 발견해가는 과정過程이다
나에서 우리로
우리에서 세상으로 나를 넓혀간다

삶이란
이기利己에서 이타利他로 가는 겸겸덕정謙德程이다
나의 이기에서 우리를 위한 가치로
세상을 향한 이타로 사랑을 키워간다

삶이란
마음을 밝혀가는 도정道程이다
둔탁에서 밝음으로 명쾌에서 이치로 밝혀간다

이정우 시 천상호서

07

◆◆◆

애플,
자동차 시장까지 노리는
빅테크 최강자

애플 팀 쿡 회장

애플의 뿌리 3인,
소크라테스, 스티브 잡스, 팀 쿡

세계 1등 기업 애플은 어떻게 탄생했고, 1등 기업으로 성장하게 되었을까? 역시 사람이 있었다. 애플의 창업자 스티브 잡스의 뿌리는 소크라테스에 있었고, 그는 자신의 후계자로 팀 쿡을 지명했다. 애플의 새로운 CEO 팀 쿡은 잡스 이후에도 애플의 성장을 이끌며 새로운 세상을 열어가고 있다.

스티브 잡스는 "소크라테스와 오후 반나절을 보낼 수 있다면 회사가 소유하고 있는 모든 기술과 맞바꿀 수 있다"고 말했다. 왜 그는 어마어마한 조건을 걸면서까지 소크라테스와 만나고 싶어 했을까?

잡스는 천재와의 만남이 그 어떤 돈과 비교할 수 없다는 것을 알았다. 천재는 훌륭한 생각을 해낸다. 소크라테스와 만나면 천재의 뇌에 접속하는 기회를 얻는다.

소크라테스와 스티브 잡스가 만나서 점심식사를 같이 한다면 무슨 이야기를 나눌까? 사람과 사람의 관계보다 물질과 물질의 관계가 더 중시되는 요즘, 그들은 어떤 대화를 나눌까?

이러한 의문을 품고 갖가지 자료를 분석하던 차에 지난 2005년 스탠퍼드대학교 졸업식에서 잡스가 발표한 졸업식 축사에서 궁금증의 실마리를 찾을 수 있었다.

"만약 오늘이 내 인생의 마지막 날이라면, 오늘 내가 하려는 일은 과연 할 것인가? 계속해서 '노!'라는 답을 며칠간 해야 했을 때 나는 어떻게든 변해야 한다는 것을 직감하게 되었습니다. 곧 죽게 된다는 생각은 인생에서 중요한 선택을 할 때마다 큰 도움이 됩니다. 사람들의 기대, 자존심, 실패에 대한 두려움 등 거의 모든 것들은 죽음 앞에서 무의미해지고 정말 중요한 것만 남기 때문이죠. 죽을 것이라는 사실을 기억한다면 무언가 잃을 게 있다는 생각의 함정을 피할 수 있습니다. 당신은 잃을 게 없으니 가슴이 시키는 대로 따르지 않을 이유도 없겠죠."

이 축사를 통해 잡스가 소크라테스의 철학을 몸소 실천했음을 알 수 있다. 그는 매일 아침 거울을 보며 성찰하는 삶을 살았다. 하루를 어떻게 보내야 할지 늘 자신에게 물었다. 그는 매일 최선의 삶을 살고자 했다.

소크라테스는 '인간의 조건은 무엇인가?', '우리는 어떻게 늙어가야 하며 죽음이란 무엇일까?', '우리의 최종 목표는 무엇인가?' 등 삶의 진리를 탐구했다. 소크라테스는 하나의 명제를 탐구하며 토론했는데, 핵심 주제는 최고선과 삶을 살아가는 방식이었다. 소크라테스는 인간에게 참된 지혜는 무엇일지 늘 고민했다. 소크라테스는 힘주어 말했다.

"성찰하지 않는 인생은 살 가치가 없다!"

어찌 보면 우리가 책을 읽는 이유는 자기 성찰을 위해서다. 운동을 하는 것도, 명상을 하는 것도, 모두 자기 성찰을 위해서 하는 것이다. 초일류기업이나 초일류리더가 되기 위해서는 자기 성찰부터 해야 한다. 이를 통해 흔들리지 않는 확고한 경영철학을 갖출 수 있기 때문이다.

우리가 사는 세상은 혼란스럽고, 미래는 불확실하다. 풍파 속에 흔들리는 나를 바로 세우기 위해서는 삶의 본질을 돌아보고 인식하며 행동하는 방법을 알아야 한다. 이 과정이 바로 자기 성찰이다.

인문학의 힘은 지식을 아는 데서 나오지 않는다. 생각하는 데서 나온다. 알든 모르든 어떤 주제에 대해 생각하고 성찰하며 실천하는 것이 인문학적 삶이다. 잡스는 삶의 본질을 찾아 매순간 탁월함을 추구하는 삶을 살았다. 그는 탁월함에 대해 다음과 같이 말했다.

"누구나 자신만의 탁월함을 가지고 있습니다. 그것은 다른 사람이 보기에 특별할 수도, 보잘것없을 수도 있습니다. 그것이 특별하든 보잘것없든, 각자가 가진 탁월함을 자기의 특성으로 만드는 것이 바로 생각 확장의 힘입니다. 지금 떠오르는 생각은 흩어진 점에 불과할지도 모르지만, 이 생각들이 언제 어느 순간 이어져 인생을 바꿀 아이디어가 될지 모릅니다. 사소한 것부터 집중하면서 자신의 모든 능력을 발휘할 수 있도록 매순간 최선을 다하십시오. 그러면 삶이 놀라운 보답을 선사할 것입니다."

만약에 스티브 잡스와 소크라테스가 점식식사를 함께했다면 어떤 대화를 나누었을까? 스티브 잡스가 자신의 삶의 철학에 대해 "항상 갈망하고, 항상 우직하게Stay Hungry Stay Foolish"라고 말했다면 소크라테스는 뭐라고 답했을까?

자신을 미혼모의 아들이라고 밝힌 잡스와 게이라고 밝힌 팀 쿡

애플을 밝히는 태양이 잡스였다면, 태양이 진 자리에 꽃을 피운 남자가 바로 팀 쿡이다. 잡스는 미혼모의 아들로 태어나 파란만장한 삶을 살았지만 태양이 되어 애플을 빛나게 했고, 자신이 게이라고 커밍아웃을 하며 당당한 삶을 살아가는 팀 쿡은 태양이 진 자리에 꽃을 피워냈다.

스티브 잡스는 미혼모의 아들로 태어났다. 입양아로 인생을 시작한 잡스는 대학을 중퇴하고 1976년 양아버지의 차고에서 친구 스티브 워즈니악과 애플을 설립했다. 2011년 56세의 나이에 췌장암으로 사망할 때까지 그는 IT계의 전설이 되었다.

최초의 개인용 컴퓨터인 애플 I을 만들었고, 후속작인 애플 II와 매킨토시의 성공으로 일약 IT계의 스타로 떠올랐던 그는 1985년 당시 CEO였던 존 스컬리와의 불화로 자신이 만든 회사에서 쫓겨났다.

잡스는 넥스트를 설립한 뒤 애니메이션 스튜디오 픽사를 인수해 세

아이맥

계에서 가장 성공한 애니메이션으로 꼽히는 '토이 스토리'를 만들었다. 그리고 그는 저가 컴퓨터 시대를 맞아 파산 직전까지 간 애플의 CEO로 1997년 복귀했다.

검은 터틀넥과 청바지를 입고 "기본으로 돌아가자", "다르게 생각하자"며 직원들을 독려한 잡스는 올인원 데스크톱 '아이맥'을 출시하면서 다시 애플의 성공신화를 쓰기 시작했다.

통찰력과 열정으로 애플을 세계 최고의 기업으로 만들어 놓은 잡스는 2004년에 췌장암 수술을 받고 7년 후인 2011년에 세상을 떠났다.

그의 뒤를 이어 COO최고운영책임자였던 팀 쿡이 애플의 CEO를 맡게 되었다. 당시 실리콘밸리에서는 "잡스가 없는 애플은 아무것도 아니

애플 창업자 스티브 잡스

다"는 분위기가 감돌아 팀 쿡의 어깨를 무겁게 했다. 더욱이 쿡은 엔지니어라기보다는 경영전문가였으며, '워커홀릭일벌레', '남부신사'라는 그의 별칭은 왠지 혁신과는 거리가 멀어 보였다.

애플의 새로운 CEO가 된 쿡은 말했다.

"스티브는 인간의 창의력이 가장 큰 도전을 할 수 있다고 믿었고, 자신이 세상을 바꿀 수 있다고 생각할 만큼 미친 사람들은 정말로 그럴 수 있다는 믿음으로 애플을 창업했습니다. 스티브가 늘 했던 그대로 우리는 애플의 밝은 미래, 우리가 함께할 위대한 일을 고대해야 할 것입니다."

『팀 쿡』

이 말을 통해 그가 잡스처럼 혁신을 추구한다는 것을 알 수 있다. 그는 세계 500대 기업의 CEO 중 첫 번째로 커밍아웃한 인물이 되었다. 그 역시 잡스처럼 혁신을 추구하는 것이다.

"만약 애플의 CEO가 게이라는 소식이 자신의 성 정체성과 관련해 고민하는 누군가에게 또는 혼자라고 느끼는 누군가에게 도움이나 위로가 될 수 있다면, 이것은 저의 프라이버시를 희생하더라도 밝힐 만한 가치가 있는 일이라고 생각합니다. 저의 성적 성향을 결코 부인한 적은 없지만, 지금까지 그것을 공개적으로 인정한 적도 없습니다. 따라서 이 자리를 통해 분명히 말씀드리고 싶습니다. 저는 게이라는 사실이 자랑스럽습니다. 그리고 저는 제가 게이라는 것이 신이 제게 준 가장 큰 선물 가운데 하나라고 생각합니다. 제 자신이 게이인 까닭에 소수집단에 속한다는 것이 어떤 의미인지를 보다 깊이 이해할 수 있었으며, 그와 동시에 여타의 소수집단에 속한 사람들이 일상적으로 겪는 고충도 주의 깊게 들여다볼 수 있었습니다."

잡스에 이어 50세의 나이로 애플의 CEO가 된 팀 쿡은 세상에서 가장 위험하고도 어려운 자리에 올랐다. 그 자리에 오른 지 6주 만에 잡스가 사망한 상황에서 팀 쿡은 어떻게 이 난관을 헤쳐 나갔을까? 그에 대한 자세한 궁금증은 『팀 쿡』을 읽으며 해결하기 바란다. 이 책은 애플 전문 저널리스트이자 《컬트 오브 맥》의 편집장으로 20년간 애플을 취재해 온 린더 카니가 팀 쿡을 비롯해 조너선 아이브와 그레그 조스위악, 리사 잭슨 등 애플의 주요 임원들을 인터뷰하여 쓴 책이다.

어제 통하는 방식이
내일 통하지 않는다

사람에게는 누구나 자기만의 결이 있다. 오래된 나무의 나이테에 결이 있듯이, 인간에게는 자기만의 인생 무늬가 있다. 노래방에서 노래를 잘 부르는 사람 뒤에 노래하기가 부담되듯이, 성공한 선임자의 뒤를 이어 경영을 한다는 것은 실로 부담이 크다. 비록 선임자가 성공했더라도 어제 통하는 방식이 내일 통하지는 않는다. 선

팀 쿡과 스티브 잡스

임자와 똑같이 하는 후임자에게는 실패가 따른다. 제 아무리 잡스가 위대하더라도 말이다.

"스티브가 나를 선택했을 때 내가 자신과 같지 않다는 것을, 내가 자신의 복사본이 아니라는 것을 모르고 그렇게 했을까요? 나는 항상 그렇게 선택된 데에 대해 막중한 책임감을 느낍니다."

잡스는 제품에 전념하는 스타일이었다면, 쿡은 잡스와 결이 다른 경영자다. 천재적인 감각으로 혁신적인 기능과 디자인에 중점을 둔 제품을 출시하는 데 집중했던 잡스와 달리 쿡은 진지한 성격에 맞게 합리적이고 협력적으로 애플을 경영하고 있다.

잡스는 투자자들에게 신경을 쓰는 것보다 더 좋은 제품을 만드는 데 집중했고, 쿡은 잡스에 비해 조금 더 편안한 회사분위기를 만들었다. 소프트웨어와 하드웨어, 디자인 부서가 서로 협력할 수 있도록 만든 것이다. 또한 투자자들을 자주 만나고 주주들에게 신경을 쓰며, 애플이 처한 정치적인 어려움을 헤쳐 나가는 데 많은 시간을 할애한다. 투자의 귀재 워런 버핏은 팀 쿡이 CEO가 된 이후에도 애플의 주식을 샀고, 많은 투자자들 역시 애플의 주주가 되었다.

여전히 혹자는 팀 쿡의 애플을 확신하지 못할지도 모른다. '혼을 쏙 빼놓을 만한' 애플의 제품을 더 이상 만나지 못할까 봐 불안해할지도 모른다. 하지만 애플의 임직원들만큼은 팀 쿡을 완벽하게 신뢰하고 있다.

"우리는 여전히 우리의 미래가 밝다고 믿습니다. 개발하고 있는 멋진 제품도 많고, 새로운 CEO가 회사를 이끈 이후로 성장세가 꺾인 적도 없거든요. 애플의 직원들은 팀 쿡의 리더십에 대해 무한한 신뢰를 보내고 있습니다. 어디 가서 누구와 얘기를 나누든 그에 대한 칭찬과 존경심을 들을 수 있습니다."

팀 쿡은 잘 가꿔 놓은 애플을 곱게 넘겨받은 사람이 아니다. 그는 잡스와 함께 애플을 성장시켰고, 애플의 암흑기에 입사했다. 잡스가 죽고 나서 경영권을 넘겨받은 것이 아니라, 잡스의 건강에 이상이 발생했을 때부터 CEO가 된 것이다. 잡스는 철저한 기술자였기 때문에 경영 스킬에 있어서는 부족함을 보였는데, 잡스의 이런 부족함을 해결해 주는 팀 쿡이 있었기에 애플은 성장할 수 있었다. 팀 쿡은 자신만의 5가지 경영스타일을 고수하고 있다.

첫째, 자선활동을 늘린다.
둘째, 재생에너지 사용을 지향한다.
셋째, 제품의 재활용성을 높인다.
넷째, 노동을 착취하지 않는다.
다섯째, 다양한 인종을 수용한다.

"매일 아침 사무실로 출근하면, 마틴 루터 킹과 로버트 F. 케네디의 사진이 저를 반깁니다. 그 사진들을 쳐다보면서 비록 작은 몫이지만 타인을 돕는다는 제 소명을 다하고 있다는 것을 인식하게 됩니다. 우리 모두는 정의를 향한 빛나는 길에 벽돌을 차곡차곡 깔아가고 있습니다. 이것이 저의 벽돌입니다."

최고의 자리에 오를수록
상호교류해야

스타벅스의 CEO 하워드 슐츠는 4시 30분에 기상해 아내와 자전거를 타는 것으로 일과를 시작하는데, 사무실에는 6시에 출근한다. 제록스의 CEO 어슐라 번즈는 5시 15분에 기상하고 일주일에 두 번 6시부터 한 시간가량 운동한다. GE의 CEO 제프리 이멜트는 5시 30분에 일어나 달리기 등 심장강화운동을 하면서 신문을 읽거나 CNBC 방송을 시청한다. 그는 24년 동안 주 100시간 일할 정도로 일벌레다.

일찍 일어나기, 운동하기, 일벌레, 이 세 가지의 특징은 많은 초일류 리더들의 공통점이다. 일찍 일어나서 운동하고 일하면 업무에 집중력을 발휘하고, 구성원들과 탁월한 아이디어를 마음껏 나눌 수 있다.

팀 쿡 역시 새벽형인간이다. 일벌레 팀쿡은 새벽 4시 30분에 기상하고 5시에는 체육관에 있다. 그는 애플에서 제일 먼저 출근해 제일 늦게 퇴근하는 경영자다.

하지만 그는 직원들에게 자신과 같은 일과를 보내라고 강요하지 않는다. 직원들이 자유로운 분위기에서 일해야 창의성이 발휘될 수 있다는 것을 잘 알기 때문이다.

현재 애플은 시가총액 1위 기업이다. 세계에서 가장 큰 기업을 이끄는 만큼 팀 쿡은 가장 외로운 사람이다. 성공한 사람들에게는 지독한 외로움이 따른다. CEO는 외로움의 내성을 키우는 사람이다. 초일류 리더들이 외로움을 느낄 때는 결정을 내릴 때다. 그 결정에 막중한 책임이 따르기 때문이다.

팀 쿡은 몇 년 전 워싱턴포스트와의 인터뷰에서 "애플을 경영한다는 것은 외로운 일입니다. 그렇다고 저는 어떤 동정심을 구하지도 않습니다. CEO에게는 동정이 필요 없습니다"라고 말했다.

그렇다고 회사를 CEO 혼자서만 성장시킬 수는 없다. 이 점을 잘 아는 쿡은 말한다.

"CEO에게 필요한 건 자신의 맹점과 약점은 보완해 주고, CEO의 강점은 증폭시켜주며, CEO가 전혀 모르는 분야에서 잘 이끌어주는 인재들입니다."

그는 스스로를 '전통적인 CEO상을 거부하는 CEO'라고 생각하는데, 애플의 구성원뿐만 아니라 소비자와 국가와도 상호교류하려 하는 소통형 CEO다.

"소비재 회사의 전통적 CEO들은 소비자를 보기보다는 장부상의 이익과 손실, 매출만 중시하곤 했습니다. 그러나 애플 같은 소비재 회사의 CEO는 소비자들과 상호교류해야 하고, 회사 직원과 공동체, 국가에 대한 엄청난 책임감을 가져야 한다고 생각합니다. 또 대기업들은 전통적으로 자신들의 실수를 인정하지 않는 것 같습니다. 자부심이나 자의식이 너무 강해 '우리가 무엇을 잘못했다'고 말하지 못하는 것입니다. 그러나 기업이 잘못을 인정하는 것은 빠르면 빠를수록 좋습니다. 그래야 소비자도 회사 직원도 잃지 않습니다."

스마트폰에 이어 스마트카로
최강자를 노리는 애플의 청사진

현재 애플은 모바일 통신 및 미디어 장치, 개인용 컴퓨터 및 휴대용 디지털 음악 플레이어를 설계, 제조 및 판매한다. 제품 및 서비스로는 아이폰, 아이패드, 아이맥, 애플 워치, 애플 TV, iOSiPhone OS 등이 있는데, 애플의 제품과 서비스는 세계에서 가장 사랑받고 있다.

애플은 한때 시가총액 1위 자리를 마이크로소프트에 내주었지만 다시금 1위를 탈환했다. 최근 애플의 주가는 연일 신고가를 갱신하며 시가총액 3조 달러를 바라보고 있다. 지난해 일 년 동안 애플의 주가는 80%나 올랐지만 올해도 오르고 있다. 2021년 하반기에 아이폰 13과 애플카가 출시되면 시가총액 3조 달러를 달성할 전망이다.

아이폰 13은 2021년 9월에 출시될 예정인데, 애플은 2007년 아이폰을 출시한 이후 매년 신제품을 내놓을 때마다 가격을 인상했다. 2020년 출시한 아이폰 12는 전작인 아이폰 11보다 100달러약 11만 원 인상했다. 이러한 가격 책정이 아이폰의 유일한 단점으로 지적되어 왔다.

하지만 아이폰 13은 아이폰 12 시리즈와 같은 수준인 699~1,099 달러로 책정될 전망이다. 소비자로 하여금 가격부담을 낮춰주어 역대

애플카

급 판매량을 기록할 듯하다. 블룸버그통신은 "애플은 아이폰 13의 초기 생산량을 작년보다 약 20% 늘린 9,000만 대로 예상한다"고 보도했다.

　세계 시가총액 1위 기업 애플은 앞으로 스마트카 사업에도 진출할 것이다. 매킨토시 PC로 성공한 애플은 아이팟과 아이폰, 아이패드에 이어 셋톱박스 형태의 애플 TV를 출시해 혁신을 거듭했는데, 앞으로 스마트카로 또다시 시장을 주도할 것이다.
　최근 애플은 '프로젝트 타이탄'이라는 자율주행·전기차 개발계획을 발표했다. 자율주행 자동차 시장에서는 전자제품의 두뇌역할을 하는 운영체제os와 시스템이 중요한데, 애플은 이 분야에서 강점을 갖고 있다. 순식간에 변화하는 교통의 변화와 각종 변수에 대응해 안정적으로 자율주행을 하기 위해서는 전체 시스템을 통제하는 OS가 중요하다.

하지만 애플은 자동차 제조업체가 아니기 때문에 최근 글로벌 톱5 자동차 회사와 협업을 물색 중이다. 이 협업의 결과에 따라 세계 자동차 시장은 판도가 달라질 것이다.

애플의 스마트카 애플카는 2024년쯤 완성될 예정인데, 자율주행과 커넥티드 등 소프트웨어 기술을 결합해 최소 레벨4 이상의 자율주행 전기차 형태로 출시될 것이다. 애플카는 레이저로 주변을 인지하는 라이다에 리튬인산철 배터리를 달고, 애플이 설계하고 대만 TSMC가 제조한 자율주행 칩 및 하이브리드 자동차 컨버터와 추진기를 사용할 예정이다.

애플의 '프로젝트 타이탄'에는 애플에서 테슬라로 이직해 테슬라 모델3 개발을 담당했던 더그 필드 전 애플 맥 하드웨어 엔지니어링 부사장이 2018년 8월 애플로 복귀하면서 개발에 속도를 내고 있다.

그러자 테슬라의 CEO 일론 머스크는 "애플은 우리가 해고한 사람들을 고용한다. 테슬라 전기차의 최대경쟁자는 애플"이라고 말했다. 애플카가 출시되면 자동차 시장의 패러다임이 바뀔 것인데, 애플은 애플카로 한 단계 더 진화할 것이다.

08

◆◆◆

세일즈포스닷컴,
세계 1위
고객관계관리 플랫폼

세일즈포스닷컴 마크 베니오프 회장

고객의 성공이
우리의 성공

세일즈포스닷컴의 성공비결을 한마디로 요약하자면 "고객을 성공하게 만들어라. 그러면 우리도 성공한다"이다. 참으로 멋진 말이다.

그렇다면 세일즈포스닷컴은 어떻게 고객성공을 이끌어가는 것일까?

세일즈포스닷컴의 비전은 '모든 규모의 기업에 영업 마케팅, 고객 서비스 그리고 전자상거래 전반에 걸쳐 일괄적으로 고객과 연결할 수 있는 더 스마트하고 직관적인 방법을 제공하는 것'이다. 고객성공을 지향하는 이 회사는 고객사들이 클라우드에서 소프트웨어를 운영하고 고객관계관리에 필요한 모든 소프트웨어에 쉽게 접근하도록 해준다.

〈세일즈포스닷컴의 고객성공 원칙 4가지〉

첫째, 기술은 진화를 멈추지 않을 것이다.

둘째, 우리는 가능한 모든 성공의 기준을 충족시키도록 돕는 더 좋은 도구들을 가졌던 적이 없다.

셋째, 고객의 성공은 모든 이해관계자에게 달려 있다.

넷째, 고객이 기업으로부터 정말 원하는 것과 실제로 가능한 것 사이의 차이는 빠르게 사라지고 있다.

결국 모든 일의 중심에 고객을 두지 않는다면 그 기업은 뒤처질 것이다. 고객이 미처 완전히 인식하지 못했더라도 그들이 진정으로 원하는 것에 귀를 기울이는 데 더 많은 시간을 할애해야 할 것이다.

'트레일블레이저trailblazer'는 '도전적 혁신가'를 말한다. 트레일블레이저는 끝없이 배우고 더 좋은 세상을 만들고 싶어 한다. 탐험을 두려워하지 않고 혁신을 갈망하며 상황판단을 정확하게 해서 최고의 결론으로 이어지게 한다. 또 수익을 창출해 사회에 돌려주는 것을 좋아한다.

트레일블레이저는 편견이 개입되지 않도록 돕는 프로그램을 운영하기 위해 세일즈포스닷컴 내에 개설한 '트레일 헤드'라는 온라인 훈련 프로그램에서 이름을 가져왔다. 트레일블레이저는 아이디어와 신념이 있고, 목소리를 내는 것을 두려워하지 않는다. 예를 들어 AI인공지능와 로봇 자동화 탓에 일자리가 사라질 것이라는 두려움이 클 때, 트레일블레이저들은 호기심과 도전정신을 갖고 지속적으로 새로운 방법을 모색한다.

오늘날 세일즈포스닷컴이 세계 1위 고객관계관리CRM 플랫폼 기업이 된 데에는 커뮤니티의 힘도 컸다. 2003년부터 매년 가을에 90개 나라에서 세일즈포스닷컴의 고객 및 개발자 17만 명이 샌프란시스코로 몰려온다. 소프트웨어 콘퍼런스인 '드림포스Dreamforce'에 참석하기 위해서다. 드림포스는 세일즈포스닷컴의 가장 큰 고객 이벤트이자 매년 가장 크게 벌이는 사회환원 이벤트다.

세일즈포스닷컴은 매년 드림포스를 지원하는데, 이 행사의 분위기

드림포스 2019

는 종교집회를 방불할 만큼 열정적이며 서로 하나가 되어 즐긴다. 한 회사에서 독자적으로 개최하는 행사의 규모치고 엄청나게 크고, 그 영향력 또한 크기에 드림포스는 링크드인이 선정하는 세계 5대 행사에 해마다 선정되고 있다.

나흘간 열리는 이 행사에 모인 사람들은 세일즈포스닷컴의 원대한 생각을 숙고하고 더 나은 모습을 추구한다. 원래는 고객을 한꺼번에 근거지로 불러 모아 신제품을 선보이고 더 많은 비즈니스를 창출하려는 것이 목적이었는데, 정작 많은 참가자들이 드림포스를 '가족모임'으로 생각한다. 마크 베니오프 회장은 "드림포스는 우리의 이익을 강화하는 것이 아니라 클라우드, 모바일 기술, 소셜 미디어, 인공지능의 발전으로 계속 파괴되고 있는 이 세계에서 고객이 지속적으로 발전하도록 돕는 것"이라고 말한다.

1-1-1
사회공헌전략

필립 코틀러는 『착한 기업이 성공한다』에서 "사회책임경영을 올바르게 수행하지 않는 기업은 생존조차 어렵게 될 것"이라고 말했다. 기업경영에서 환경Environmental, 사회Social, 지배구조Governance 등 비재무적 지표가 중요해지면서 사회공헌이 주목받고 있다. 마크 베니오프 회장은 '시장이 좋은 일을 하는 기업에 보답하고, 사회적 사명을 가진 기업이 더 성공하는 경향이 있다'고 믿는다.

세일즈포스닷컴의 사회공헌전략은 '1-1-1 자선모델'이다. 얼마나 성장하느냐에 관계없이 자본의 1%, 제품의 1% 그리고 직원 업무시간의 1%를 비영리단체와 자선단체에 기부한다. 이를 1-1-1 자선모델이라고 부른다.

이 프로그램을 통해 세일즈포스닷컴은 거의 3억 달러의 보조금과 40만 시간의 직원 자원봉사 시간을 기부했다. 또 4만 개 이상의 비영리단체와 비정부단체가 세일즈포스닷컴의 제품을 무료 또는 대폭 할인된 가격으로 사용한다. 직원의 약 90%가 지역학교와 비영리단체에

세일즈포스닷컴의 기업문화 오하나

시간을 기부한다. 특히 세일즈포스닷컴은 1-1-1 프로그램을 통해 환경 변화를 추구하는 조직들을 지원하고, 재생에너지 달성이나 온실가스 배출량 제로화 등에도 기여하고 있다.

그런데 세일즈포스닷컴이 이러한 사회공헌활동을 펼치게 된 데에는 독특한 기업문화가 있었다. 세일즈포스닷컴이 추구하는 두 가지 핵심 가치는 '자원봉사와 환원에 대한 공동의 헌신'과 '고객을 위해 일한다는 공동의 사명'이다. 세일즈포스닷컴의 기업문화는 하와이의 '오하나 Ohana'의 개념을 구체화한 것이다. '오하나'는 '가족'이라는 뜻이다. 혈연으로 연결되었든 혈연이 아닌 다른 관계로 연결되었든 상관없이 가족으로 연결된 구성원들은 서로를 책임져야 한다는 의미에서 생긴 말

미국 샌프란시스코 본사 세일즈포스 타워

이다.

　세일즈포스닷컴은 임직원, 고객, 파트너 그리고 지역사회와 긴밀하게 맺어진 에코 시스템을 통해 서로 협력하고, 배려하며, 함께 즐겁게 일하며, 더 나은 세상을 만들어가려 한다. 일례로 마크 베니오프 회장은 샌프란시스코 본사와 뉴욕, 도쿄 등 모든 세일즈포스 타워에 '오하나층'을 만들었다. 그것도 가장 전망이 좋은 최고층에 말이다. 모든 직원은 이곳에서 근무 시간 동안 회의나 행사 협업을 하고, 주말에는 비영리단체와 지역사회 단체들이 무료로 즐길 수 있도록 했다. 마크 베니오프 회장은 이곳을 '세계 최고의 거실'이라고 자랑한다.

세일즈포스닷컴은 신입사원을 환영하는 방식도 독특하다. 이 회사는 신입사원으로 하여금 마치 집에 온 듯한 느낌이 들도록 프로그램을 짠다. 가족, 즉 오하나가 되었음을 느끼게 하는 것이다.

신입사원들은 첫날에 회사 배지와 배낭, 컴퓨터를 받고 오전에 회사의 가치 등에 관해 오리엔테이션을 받는다. 오후에는 기존 직원들이 사회봉사하는 곳에 가본다. 사회공헌이 세일즈포스닷컴이 추구하는 핵심가치임을 깨닫게 하려는 것이다. 한 달 후 신입사원은 일일 부트캠프인 '비커밍 세일즈포스'에 참석해 더 많은 기업문화와 가치에 대해 배운다.

세일즈포스닷컴은 IT기술을 기반으로 한 플랫폼 기업이지만 기술보다는 신뢰를 중시한다. 마크 베니오프 회장은 '기술이 멋진 방식으로 세상을 혁신한다'고 믿지만 '기술이 만병통치약은 아니다'라고 생각한다. 기술발달로 인해 새로운 위험이 등장하고 도덕적 문제가 생길 수도 있기 때문이다. 그래서 마크 베니오프 회장은 세일즈포스닷컴의 제1의 가치로 '신뢰'를 내세우게 되었다.

베니오프 회장은 특히 "신뢰를 쌓는 일은 회사 내부에서 시작해야 한다"고 강조한다. 그는 "기업의 많은 결정이 회의실 방음벽 뒤에서 이뤄지고 있다"며 비판한다. 세일즈포스닷컴은 전 직원이 볼 수 있도록 경영진의 연례 워크숍을 실시간으로 방송하고 직원에게 질문할 수 있는 시간도 준다. 경영의 투명성을 중요하게 여기는 것이다. 베니오프 회장은 "고객들에게도 무슨 일이 일어나고 있는지, 있는 그대로 나쁜 점까지 모두 볼 수 있도록 하는 것이 중요하다"고 강조한다. 세일즈포스닷컴은 신제품 출시에 관한 계획을 고객에게 사전에 공유함으로써 신뢰를 얻는다.

또 베니오프 회장은 "혁신과 성장은 하나다"라고 강조한다. 그는 "미래에는 혁신이 인간다움을 고양시키는 진실하고 지속적인 노력을 바탕으로 하지 않는다면, 기업은 긍정적인 방향으로 발전할 수 없다"고 단언한다. 기업의 비전을 '성장과 환원', '이익창출과 공익증진'처럼 이분법적으로 정해서는 안 되고, "둘 중 하나가 아니라 둘 다 추구해야 한다"고 말한다.

비전을 성과로 연결하는
V2MOM 경영관리 시스템

베니오프 회장은 자신이 달성하고 싶은 것의 비전이 무엇인지를 스스로에게 물어보다가 이를 측정할 수 있는 공식을 만들어냈다. 이른바 'V2MOM'으로, 비전Vision과 가치Values, 방법Methods, 장애물Obstacles, 척도Mewsures를 의미한다. 비전은 '당신이 원하는 것은 무엇인가', 가치는 '자신에게 중요한 것은 무엇인가', 방법은

'당신은 어떻게 달성할 것인가', 장애물은 '당신의 성공을 방해하는 것은 무엇인가', 척도는 '당신이 성공했는지 어떻게 아는가'이다.

베니오프 회장은 성과를 높이기 위해서는 네 가지 핵심 원칙을 지켜야 한다고 말한다.

"첫째, 모든 것은 우선순위에 따라 순위를 매겨야 한다. 둘째, 모든 말은 중요하다. 셋째, 계획은 쉽게 기억되어야 한다. 넷째, 그것은 쉽게 이해되어야 한다."

세일즈포스닷컴의 V2MOM은 우리의 비즈니스에 유용한 경영관리 시스템이 되어줄 것이다.

아인슈타인과 잡스에게 경영철학을 배우다

베니오프 회장의 인생 멘토는 아인슈타인과 잡스다. 그는 '성공적인 기업은 지속적으로 혁신한다'는 생각으로 늘 변화와 혁신을 하려고 노력했다. 알버트 아인슈타인은 그의 첫 번째 롤 모델이다. 아인슈타인은 선입견을 버리고 자유롭게 세상에 대해 생각해 상대성이론 등을 발표했다. 세일즈포스닷컴이 처음 시작할 때 사무실 벽에는 아인슈타인의 '위대하고 정의로운 사람들은 항상 평범한 생각을 가진 사람들의 격렬한 반대에 부닥쳐 왔다'는 말이 담긴 액자를 걸었다.

　베니오프 회장의 두 번째 롤 모델은 스티브 잡스다. 잡스와 그는 명상과 동양철학에 대한 열정이 컸는데, 두 사람은 명상과 동양철학뿐만 아니라 기술과 과학에 대해서도 공유했다.

　어느 날 잡스는 베니오프 회장에게 "훌륭한 CEO가 되고 싶다면 미래를 의식하고 예측하게"라고 충고했다. 그리고 "24개월 만에 10배 성장하지 않으면 망하게 될 것"이라며 동기를 불어넣어 주었다. 베니오프 회장은 잡스에게 감사의 표시로, 자신이 이미 도메인 등록을 해두었던 '앱스토어'를 흔쾌히 넘겨주었다. 앱스토어는 애플의 위대한 혁신에 튼튼한 기초가 되었다.

　잡스와 마찬가지로 명상을 좋아하는 베니오프 회장은 "명상이야말로 인생 최고의 투자"라고 말했다. 그는 베트남 선종 불교의 고승인 '탁닛한'을 6개월 동안 자신의 집에 머물게 한 적도 있다. 베니오프 회장은 세일즈포스닷컴에 명상을 생활화할 수 있도록 했다. 회사 건물의 모든 층에 작은 마음챙김의 공간을 만들어 누구든 언제든지 명상할 수 있도록 했다. 명상이 뇌를 변화시키고 잠재적으로 건강을 향상시킬 수 있음을 스스로 체득한 그는 직원들에게도 명상을 생활화하도록 한 것이다.

코로나19 이후 주목받는
SaaS 분야의 최강자

코로나19 이후 가장 주목받는 분야는 클라우드에서 소프트웨어 서비스를 제공하는 SaaS Soft as a Service다. 세계 최초로 클라우드를 기반으로 고객관계관리 서비스를 제공한 세일즈포스닷컴은 앞으로도 성공가도를 달릴 것이다.

마크 베니오프 회장은 오라클에서는 13년간 일했는데, 입사 3년 만인 26세에 오라클 역사상 최연소 부사장이 되었다.

하지만 그는 당시에 잘나가던 오라클에서 퇴사했다. 1999년 "소프트웨어의 시대는 끝났다"라고 선언하며 세계 최초로 클라우드 기반의 기업용 소프트웨어 서비스를 제공하는 세일즈포스닷컴을 창업했다. 2020년 7월 세일즈포스닷컴은 시가총액 1,790억 달러를 기록하면서 오라클의 시가총액 1,760억 달러를 넘어섰다. 2020년 12월에는 약 30조 원을 투자하여 기업용 메신저 소프트웨어 업체인 슬랙을 인수하면서, 마이크로소프트와도 경쟁하는 기업이 되었다.

오늘날 세일즈포스닷컴은 세계 1위 고객관계관리CRM 소프트웨어 기업이다. 고객관계관리란 '기업이 고객과 관련된 내외부 자료를 분석하고 통합해 고객 특성에 맞게 마케팅 활동을 계획하고 지원하며 평가하는 것'이다. 고객관계관리는 기업이 신규고객을 확보하고 우수고객을 유지하고 고객가치를 높이기 위해 꼭 필요한 것이다.

고객관계관리를 위해서는 고객 데이터와 이를 통합 및 분석할 수 있는 기술이 필요한데, 세일즈포스닷컴은 오라클과 달리 클라우드 컴퓨팅 기반으로 고객관계관리 소프트웨어 서비스를 최초로 제공한 SaaS<small>Soft as a Service</small> 기업이다.

퍼블릭 SaaS 시장에서 고객관계관리의 비중은 42%로 가장 크다. 그랜드 뷰 리서치에 따르면 "2019년 기준 고객관계관리 시장 가치는 402억 달러에 달하며, 2020년부터 2027년까지 연평균 14% 성장세를 보일 것"이다. 세일즈포스닷컴은 다음과 같이 사업을 확장할 것이다.

1. 영업 데이터를 관리하는 세일즈 클라우드

세일즈포스닷컴의 핵심 사업은 회사 이름에서도 알 수 있듯이 영업 데이터를 관리하는 세일즈 클라우드다. 세일즈 클라우드는 여전히 연간 13% 성장하고 있지만, 세일즈포스닷컴의 전체 매출에서 세일즈 클라우드가 차지하는 비중은 줄 것이다. 대신 플랫폼과 마케팅, 이커머스 분야의 매출 비중이 늘 것이다.

2. 고객지원과 운영관리를 돕는 서비스 클라우드

서비스 클라우드는 영업과 연계해 고객지원과 운영관리를 돕는 서비스다. 세일즈포스닷컴은 서비스 클라우드 분야에서 세일즈 클라우드와 비슷한 규모의 매출을 올리고 있다. 세일즈포스닷컴의 디지털고객지원 셀프서비스인 아인스타인봇의 2021년 1분기 사용량은 전 분기보다 두 배 증가했다. 코로나19 이후에도 서비스 클라우드의 수요가 증가할 것으로 예상된다.

3. 이커머스 확대를 고려한 마케팅 클라우드

세일즈포스닷컴은 마케팅부터 전자상거래까지 하나의 클라우드 생태계를 구축했다. 세일즈포스닷컴은 2013년 이그젝트타깃을 인수하고 마케팅 클라우드 분야를 확대하고 있다. 이그젝트타깃이 보유한 마케팅자동화 기술을 세일즈포스닷컴의 이메일, SMS, 소셜, 디지털광고 등 모든 제품에 클라우드를 접목시키고 있다. 이를 통해 고객사의 마케팅 효과와 캠페인 달성 수준을 파악해 보다 효율적인 마케팅을 할 수 있다.

2016년에는 클라우드 기반 전자상거래 플랫폼을 제공하는 디맨드웨어를 인수했다. 이로 인해 고객관계관리 서비스를 제공하는 고객에게 홍보부터 마케팅, 영업 및 재구매 유도, 사후 지원까지 모든 종합관리서비스를 제공하는 클라우드 환경을 구축했다.

4. 최대 매출 비중을 차지하는 플랫폼 클라우드

세일즈포스닷컴에서 최대 매출 비중을 차지하는 분야는 플랫폼 클라우드다. 이 분야의 매출 비중은 30% 이상이다.

세일즈포스닷컴은 2018년과 2019년에 데이터 통합기업 뮬소프트와 데이터분석기업 태블로를 인수했다. 뮬소프트는 기업내부와 클라우드에 분산되어 있는 소프트웨어 앱과 데이터를 하나로 통합하는 소프트웨어를 제공하는 회사이고, 태블로는 이런 데이터를 분석하는 분야에서 1위다.

　세일즈포스닷컴은 이 두 기업을 인수한 효과를 2022년부터 본격적으로 나타낼 것이다. 플랫폼 클라우드 분야는 세일즈포스닷컴의 신성장동력이 될 것이다.

　세일즈포스닷컴은 미국 샌프란스시코에 본사를 두고 있지만 한국에도 세일즈포스닷컴코리아를 두고 있는 등 아시아와 유럽에서도 점차 시장을 확대할 것이다. 현재 세일즈포스닷컴의 매출 비중은 북미가 가장 높지만 앞으로 유럽과 아시아 매출 비중이 늘 것이다.

초일류에게 인생을 배웠다

매일 새벽에 눈을 뜨면, 내 몸과 마음은 감사로 가득하다. 지난 15년 간 여러 기업에서 독서경영 강의와 인문학 강의를 하면서 초일류들에 게 배운 세상의 지혜는 무엇과도 바꿀 수 없는 빛나는 보석이다. 바쁜 와중에도 인터뷰에 친절히 응해 주신 초일류기업들에 무한한 감사를 드린다.

독서향기를 전파할 수 있도록 특별히 앵콜 강의를 자주 요청해 주 는 삼성그룹의 인사팀에 감사드린다. 셀트리온그룹을 세계적인 초일류 기업으로 성장시킨 서정진 회장님과 김범성 이사님을 비롯한 홍보팀에 감사드리며, 포스코케미칼 민경준 사장님과 홍보팀에도 감사드린다.

초일류기업으로 성장하기 위해 혼을 다해 경영하는 네패스 이병구 회장님, 자연주의 인본경영을 실천하는 마이다스아이티 이형우 회장님, 구성원들의 행복을 최우선으로 여기는 바인그룹 김영철 회장님, 15년간 한결같이 큰 스승으로 많은 가르침을 주신 손욱 회장님에게도 진심으로 감사드린다.

『몰입』의 저자 황농문 교수님, 한국CEO연구소 강경태 소장님도 이 책을 집필하는 동안 많이 응원해 주셨다.

이 귀한 분들의 도움이 있었기에 이 책은 완성될 수 있었고, 세상에 나올 수 있었다. 자기 분야에서 초일류로 활동하시는 이분들의 도움 덕분에 이 책을 집필할 수 있었다. 진심으로 감사드린다.

언제나 그랬듯이 원고를 집필할 때는 맑은 우면산 숲에서 걷기명상을 두 시간 먼저 하고 몰입독서를 하며, 생각정리를 한 다음 경건한 마음으로 자판을 두드린다. 이런 습관은 매일 반복된다. 거의 20년을 한결같이.

나의 글쓰기는 언제나 명상과 독서로 마음을 씻고 경건한 자세로 글을 쓴다. 영혼이 맑아야 맑은 글이 나오고, 맑은 글은 독자의 영혼에 맑은 정화수가 되지 않을까? 맑은 영혼으로 글을 쓰기 위해서는 주위의 소음을 온전히 차단하고 깊이 몰입한다. 몰입의 경지에 이르면 비로소 좋은 글감으로 핵심을 실타래처럼 풀어낼 수 있다.

초일류들은 무언가에 집중할 때 우선 주위의 혼잡한 소음을 차단한다. 그러고 나서 추구하는 무언가의 본질을 꿰뚫고, 깊은 몰입으로 핵심에 충실하는 습관을 가졌다. 습관의 묶음이 인생이라 했다.

초일류기업에서 강의하면서 초일류리더를 만나고, 나 역시 초일류인생을 꿈꾸게 되었다. 이미 최고가 되었지만 자만하지 않고 자신을 낮추는 지혜는 난세에서 더 빛나 보인다. 그 겸손이 초일류기업을 만든 자양분이 되었음을 누구도 부인하지 못할 것이다.

독자 여러분도 초일류기업, 초일류인생의 주인공이 되길 응원한다.

지은이 다이애나 홍

참고문헌

1. 홍석환, 『나도 임원이 되고 싶다』

2. 존 네핑저·매튜 코헛, 『어떤 사람이 최고의 자리에 오르는가』

3. 미나기 가즈요시, 『이나모리 가즈오, 그가 논어에서 배운 것들』

4. 에릭 슈미트, 『빌 캠벨, 실리콘밸리의 위대한 코치』

5. 황농문, 『몰입』

6. 이지성, 『18시간 몰입의 법칙』

7. 팀 허슨, 『탁월한 생각은 어떻게 만들어지는가』

8. 신태균, 『인재의 반격』

9. 권오현, 『초격차』

10. 가재산, 『삼성이 진짜 강한 이유』

11. 송호근, 『혁신의 용광로』

12. 이병구, 『석세스 애티듀드』

13. 전예진, 『셀트리오니즘』

14. 사마천, 『사기』

15. 린더 카니, 『팀 쿡』

16. 필립 코틀러, 『착한 기업이 성공한다』

17. 나카지마 가오루, 『인생에서 중요한 것은 모두 초일류에게 배웠다』

18. 이동규, 『생각의 차이가 일류를 만든다』

19. 워런 버핏, 『워런 버핏의 주주서한』

20. 아사노 고지, 『더 팀』

21. 무라카미 하루키, 『달리기를 말할 때 내가 하고 싶은 이야기』

22. 유발 하라리, 『호모데우스』

23. 구와바라 테루야, 『신의 직장의 최강 팀 전략』

24. 나카니티 아키히로, 『초일류 업무술』

25. 법정, 『스스로 행복하라』

26. 에이미 커디, 『부서진 삶의 위안』

27. 하토야마 레히토, 『하버드 비즈니스 독서법』

28. 사토 지에, 『인간을 탐구하는 수업』

29. 도리스 컨스 굿윈, 『혼돈의 시대 리더의 탄생』

30. 이용덕, 『5년 후 나는 어디에 있을 것인가』

31. 짐 클리프턴, 『강점을 이끌어라』

32. 다마키 도시아키, 『세계사의 중심축이 이동한다』

33. 아사노 스스무, 『일을 잘 맡긴다는 것』

34. 에이미 에드먼드슨, 『두려움 없는 조직』

35. 말콤 글래드웰, 『타인의 해석』

36. 사피 바칼, 『룬샷』

37. 데니스 케리 외, 『롱텀 씽킹』

38. 나태주, 『너의 햇볕에 마음을 말린다』

39. 팀 마샬, 『장벽의 시대』

40. 에이미 추아, 『정치적 부족주의』

41. 니르 이얄, 『초집중』

42. 송희영, 『이나모리 가즈오』

43. 이나모리 가즈오, 『이나모리 가즈오의 왜 사업하는가』

44. 민윤기, 『이건희의 말』

45. 대런 하디, 『인생도 복리가 됩니다』

46. 야마구치 슈 · 구스노키 겐, 『일을 잘한다는 것』

47. 마우로 기옌, 『2030 축의 전환』

48. 존 티어니 · 로이 F. 바우마이스터, 『부정성 편향』

49. 마크 베니오프, 『최고의 혁신기업은 어떻게 만들어 지는가』

50. 마크 베니오프 · 모니카 랭글리, 『트레일블레이저』

일상과 이상을 이어주는 책

일상이상

앞으로 10년 유망기업 보고서

초 일 류

ⓒ 2021, 다이애나 홍

초판 1쇄 찍은날 · 2021년 9월 3일
초판 1쇄 펴낸날 · 2021년 9월 10일
펴낸이 · 김종필 | 펴낸곳 · 일상과 이상 | 출판등록 · 제300-2009-112호
주소 · 경기도 고양시 일산서구 킨텍스로 456 108-904
전화 · 070-7787-7931 | 팩스 · 031-911-7931
이메일 · fkafka98@gmail.com

ISBN 978-89-98453-81-7 (03320)